Het Bromvliegeffect

苍蝇效应

[荷]
伊娃·范登布鲁克
Eva van den Broek
蒂姆·登海耶
Tim den Heijer
著

袁帅 李龙骄 赵芷洁 刁开元
译

机械工业出版社
CHINA MACHINE PRESS

图书在版编目（CIP）数据

苍蝇效应 /（荷）伊娃・范登布鲁克，（荷）蒂姆・登海耶著；袁帅等译 . -- 北京：机械工业出版社，2024. 10. -- ISBN 978-7-111-76658-2

Ⅰ. C912.6-0

中国国家版本馆 CIP 数据核字第 2024R5D419 号

机械工业出版社（北京市百万庄大街 22 号　邮政编码 100037）
策划编辑：向睿洋　　责任编辑：向睿洋
责任校对：王小童　马荣华　景　飞　　责任印制：任维东
北京瑞禾彩色印刷有限公司印刷
2025 年 1 月第 1 版第 1 次印刷
147mm × 210mm・9 印张・1 插页・154 千字
标准书号：ISBN 978-7-111-76658-2
定价：59.80 元

电话服务
客服电话：010-88361066
010-88379833
010-68326294

网络服务
机　工　官　网：www.cmpbook.com
机　工　官　博：weibo.com/cmp1952
金　　书　　网：www.golden-book.com
机工教育服务网：www.cmpedu.com

引言

世界上最著名的苍蝇

世界上最著名的苍蝇栖息在阿姆斯特丹斯希普霍尔机场。如果你是男性，你可能已经遇到过它很多次；如果你是女性，你可能还从未见过它。毕竟，你不会在空中听到它的嗡嗡声，也不会在玻璃箱里找到它，但它确实存在于男性小便池中——我们在谈论那些画在小便池里的苍蝇。这些苍蝇首次出现在机场中是在 20 世纪 90 年代初，但这个主意在更早之前就存在了。在埃文河畔斯特拉特福德，可以找到大约在 1880 年制造的尿壶，里面画着蜜蜂。这是典型的英国幽默，因为“apis”（拉丁语中的蜜蜂）听起来像英国人需要用尿壶干的事。甚至在 20 世纪 50 年代，荷兰的军队就已经有了在里面标注有“目标”的小便池。斯希普霍尔机场的苍蝇具有相同的目的：让男性在解手的时候瞄得更准确。因为通常来说，他们的准头相当糟糕，尤其是那些长途飞行后抵达机场的男性乘客。这使得清洁工需要来回奔波擦拭地板。这不仅给机场带来额外的费用，对于匆忙的旅客来说，厕所总是因为清洁而暂时关闭也很恼人。这些苍蝇为绅士们提供了一个可以瞄准的目标。它确实起到了作用：由于有了这些苍蝇，飞溅到地板上的液体量——专业术语称为“splashback”——减少了约 50%。因此，清洁成本也大幅下降了[1]。[⊖]这就是为什么这些苍蝇正在全球范围内被模仿，并衍生出各种各样的新形状，比如篮球网形、电子游戏中的打击目标，等等。在冰岛，在金融危机之后，人们甚至可以对准印有银行家的脸的图案小便。然而，这些苍蝇在一个与卫生间设施完全不同的领域变得更加有名：行为科学领域，这些简单的假苍蝇打破了所有行为改变的金科玉律。自古希腊和古罗马时代以来，如果你想改变某人的行为，你就得提供选择得当、措辞明晰、构思巧妙的信息和论点（理性诉求，logos）。你以一种在情感上令人信服的方式包装它们（情感诉求，pathos）。并且你清楚地说明你作为说话人的可信度（人品诉求，ethos）。所有这些听起来都很合理，有时这样的说服技巧也真的有用。然而，现实常常事与愿违。无论你如何清楚地向人们解释吸烟是不

⊖ 在一次采访中，一名员工估计这些苍蝇节省了卫生间总清洁成本的 8%。显然，卫生间的总清洁成本远不止男性小便池的开销，还要考虑女卫生间、男卫生间的隔间等。他没有提到这些苍蝇究竟节省了多少欧元，但我们了解到的数额高达每年 35 000 欧元。与此同时，斯希普霍尔机场正在尝试其他创新，例如使用传感器来感应厕所是否需要清洁了。

健康的——无论是哪位名人、科学家或有影响力的人告诉他们，无论公益广告多么动人、感人或有趣——许多吸烟者仍然继续吸烟。没有比改变行为更困难的事情了。

秘密引导

行为如此难以改变，这是一个课题。无论你是否有意，我们都曾在没有恶意的前提下试图去改变别人的行为。毕竟，人类是群体动物，我们需要彼此合作以实现某些目标：我们需要确保同事之间合作良好，所有公民都遵守规则，客户在市场中购买商品。牙医必须确保你使用牙线，募捐者需要你支持慈善事业，DJ 希望你在舞池里举起手来。

人们需要相互动员。但人们可能会想知道，如果论点和信息都不能起到效果，那么应该如何实现这一点。命令，威慑？虽然这些对于军队和警察可能是适用的，但对于销售洗发水而言可能不太合适。那就用礼物、折扣和意外惊喜吸引顾客？有时它们的效果不错，但也常常产生反作用（我们稍后将详细讨论这一点），需要你来处理不良后果。那该怎么办呢？这就是行为科学家，比如伊娃（Eva），以及广告创作者，比如蒂姆（Tim），发挥作用的时候。他们发现了看起来愚蠢的小苍蝇产生的神奇效果——没有惩罚或奖励，没有知识或论点，没有情感或承诺，却引发了可观的行为改变。⊖你可能想知道这是如何发生的。小便池里的苍蝇经常出现在讲解助推（nudge）的教科书中。“助推”由诺贝尔奖得主理查德·塞勒（Richard Thaler）定义为：使期望的行为变得更容易、更有趣或更自然的微小环境变化。对准苍蝇不是一个经过有意识思考的行为过程，而似乎是“自然”发生的。如果你再次思考一下，这其实并不特别异常。事实上，你的行为在各种地方和时刻都被秘密引导，而引导你的通常是那些你已经司空见惯了、并不会放在心上的事物。你总是在商店里购买你的常用品牌，你选择度假地点时看中的是提供良好天气保证的地方，你选择人最多的餐厅……在超市里，你在开始购物时意志坚定地往篮子里放上绿叶蔬菜和番茄，但在结账时你会迅速拿上几块巧克力。只要一件普通的 T 恤是你喜欢的品牌，你愿意为它多付一点儿钱。在回家的路上，你选择更远的路线，以确保你手机上的步数超过了 10 000。所有这些看起来都很平常，然而在以上所有情况下，你的行为都受到了你可能没有注意到的东西的影响。看似微小的事物对人们的行为产生了重大影响，我们将其称为苍蝇效应（housefly effect）。这一命名既由厕所里的小苍蝇所启发，也受到了**蝴蝶效应（butterfly effect）**的影响。你知道的：

⊖ 也就是说，不需要理性诉求、情感诉求、人品诉求，只需要一个“apis”的谐音梗。

一只蝴蝶在亚马孙热带雨林拍动翅膀，得克萨斯便刮起了狂风。但苍蝇可是比蝴蝶更不可预测的。因此，你应该学会认识它，有时避免它，经常瞄准它。

苍蝇和苍蝇效应：它是如何起作用的

苍蝇效应不是你大脑中的一个固定而复杂的机制（尽管它的确作用于你的大脑），它只是研究人员在世界上看到的一种现象。如果道路标志上的箭头指向上方，交通拥堵就会减少。如果你给某种有着奇怪学名的鱼重新起一个名字，就会突然有更多人愿意购买它。所有这些情况的共同点是它们都包含一个对行为产生重大影响的微小元素。在这本书中，我们把这个微小元素称为苍蝇。通过在网站布局中巧妙地移动一个点的位置，上网的学生们就会减少借贷行为，这就是苍蝇效应。这个被移动的点本身就被称为苍蝇。通常，这些效应在科学上已经被广泛研究并命名。我们也会告诉你这些效应既有的名字，因为这有助于我们向他人解释我们的意思。蒂姆，这位追求创意的写手总是喜欢用“我们要擅于利用冯·雷斯托夫效应”来表达“为了脱颖而出，我们需要与竞争对手不同”这层意思，因为前者听起来更聪明。科学家伊娃可能真的无法用“人们喜欢什么也不做”来对政策制定者提建议，但她可以找到一种学术性的说法，比如“惯性导致市民被默认选项所引导”。不管怎样，如果这些术语对你有用，或者如果你喜欢它们念起来的感觉，便不妨记住它们。我们用一个**小苍蝇**标注了所有术语，这样你可以很容易地找到它们。此外，书的末尾还附有术语概览。

苍蝇种类的丰富程度可能超出你的想象。在这本书中，我们将介绍其中的许多种：从在超市里让你把购物篮装满的狡猾苍蝇，到让你更安全地驾驶或帮助你更健康地生活的善良苍蝇；从你想要避免的把你引向陷阱的那些苍蝇，到可以用来说服你的朋友和你一起去你最喜欢的餐厅，或者让你的孩子把饭吃完的苍蝇。在你阅读这本书的同时，我们也在利用这些效应来让你拥有更好的阅读体验。不要担心，我们在这样做时（大多数时候）是会告诉你的。在阅读时记住**效应效应（effect effect）**，这也是一只小苍蝇，它指的是当你将一件事称为“效应”时，人们会认为这件事更有趣。我们显然不是不经思考就给这本书起了书名。

首要之事

在这本书中，我们将与你分享许多科学见解。我们尽最大努力以负责任且易于理解的方式呈现它们。我们希望传递我们对人类行为及其背后科学的迷恋之情并激发你的兴趣。为了实现这一目标，我们有时会简化事物；不过并不是过于简化，而是让它们足够简单来保持这本书的有用性和可读性。即便我们尽力而为，但也无法做到尽善尽美，因为我们总是想讲得更多更全面！因此，如果你对某个特定主题很熟悉，并觉得我们在解释或得出结论时过于仓促，你可能是对的。请不要将书中有关大脑的内容作为进行脑部手术的参考，但在日常情况下你尽可以应用它们。在你应用的时候，请记住一些事项：我们生活在行为科学的黄金时代，新的发现不断涌现，有时它们会与先前的发现相矛盾。因此，部分内容的调整必定会出现在本书未来的版本中。此外，行为科学与自然科学的逻辑原理不同，类似于“地球围绕太阳转，但有时它又不围绕太阳转”的陈述在自然科学中根本说不通。然而，这确实能非常妥帖地描述我们的实际行为：人们既想要归属又想要脱颖而出，既喜欢熟悉又喜欢新颖，既喜欢有选择但又讨厌做出选择。不仅行为会被环境影响，苍蝇也一样。请确保首先在实验室中测试它们。如果无法做到，请找到一个偏僻的黑暗角落，释放苍蝇，观察以此获得的结果，并比较结果是否与没有释放苍蝇时观察到的不同。要注意**黄金锤效应（golden hammer effect）**：当你手上拿着黄金锤（满意的解决方案）时，会认为每一个问题都适合用这个锤子来解决。

苍蝇不是灵丹妙药。然而，它们确实是迷人的、有用的、危险的、有趣的，有时是惊人地有效的。所以，正如探险家朵拉会说的："让我们去找一找吧！"

发生在拉斯维加斯的事情（在家中也会发生）

欢迎来到苍蝇之都拉斯维加斯！这是向你介绍七个不同苍蝇家族的最佳地点。毕竟，拉斯维加斯有世界上最聪明的人性利用者和幻觉制造师，不仅在舞台上，更在赌场的幕后。你的大脑告诉你，你在游戏中真的很厉害，你经常很幸运，你确切地知道何时停下，那些把戏对你没有影响。在阅读我们的第 1 章之后，你会更了解幕后实情的。拉斯维加斯的操纵从你被要求将现金兑换成筹码时就开始了。不使用现金并不是出于安全原因，而只是因为这样做更容易使你投入游戏，花费塑料筹码给人的疼痛感要小于花费真钱。你看向四周，感到赢钱很容易，因为大家都在走运。这是因为越显眼的老虎机出奖的频率越高，但奖的金额很小。[⊖]一旦你走进赌场，

⊖ 另一个与此相似的手段是，游乐场经营者会在早上设置更多的大奖。因此，当你到达时，你会看到许多孩子拖着巨大的毛绒动物大奖，于是你估计你赢的机会也很高。然而到那时，中大奖的概率已经被最小化了。传说游乐场的工作人员还热衷于传播这个故事，以吸引更多的游客在宁静的清晨时分便前来游乐场。无论如何，游乐场也是苍蝇的繁忙之地。

你的时间知觉立即被黑客入侵，以确保你继续赌博和花钱。建筑师们刻意设计了一个迷宫，你在那里待了几天后，仍然找不到最近的出口。厚厚的地毯减缓了你的步伐。除了那些给赌场赢家挥霍奖金的昂贵商店里的瑞士手表外，你眼前看不到一只钟。你能看到的唯一的“阳光”出现在画里的巴黎、威尼斯或其他知名城市的蓝天里。闪亮的数字为另一个大奖倒计时，闪烁的灯光、机器不断发出的叮叮声和小金额的奖金——这一切都让你觉得只要再玩一会儿，你就可能会赢下大奖。

许多游客在几天后因过度兴奋、渴望平静与自然而逃离拉斯维加斯。但蒂姆将这座城市视为终极自然奇观，并愿意在那里度过一周的“苍蝇狩猎之旅”（顺便说一句，他并没有参与赌博）。然而，那些长时间待在那里或在那里居住的人通常会陷入麻烦。不仅是赌场，甚至商店、加油站和机场也充斥着赌博的诱惑。这导致了一群赌博成瘾的当地人，他们不断告诉自己下一场游戏会一切恢复正常。这些苍蝇几乎是一种无法逃避的灾难。人们可能会想知道为什么当地政府不采取措施来保护那些可怜的人免受这一切的困扰。㊀

不管怎样，所有这些都发生在美国。幸运的是，在你自己的国家，情况可能并没有这样过激。我们是脚踏实地的人，

㊀ 就是那个收取 24% 的利润作为税收的政府。

所以这种自我欺骗在这里并不那么糟糕，而且我们根本不会上别人的当。对吗？嗯……去一趟大型家具店吧，就是那种需要自己组装衣柜或床的店。穿越整个店铺总是比想象中要困难，购物路线相当令人迷惑。当你在店里的时候，能看到任何阳光吗？是的，只有在整个购物经历的最后你才看到了：在收银台，在他们催促你离开时。超市呢？你最喜欢的（网上）商店呢？那家可爱的餐厅呢？发生在拉斯维加斯的事情在小村庄里同样频繁。在你的日常生活中，形形色色的人都会试图影响你的行为。正如你将在阅读中了解的那样，他们的主要帮凶是你自己的大脑。

目录

自欺之蝇一直都在，
只是你没有发现。

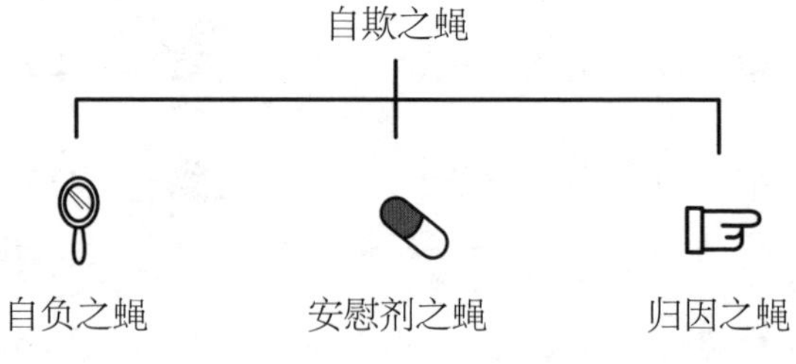

第 1 章

自欺之蝇

这种蝇类几乎无法根除，而且对于人眼来说往往难以察觉。它们是其他蝇类的领头者：在自欺之蝇出现之后，其他蝇类很快就会跟随出现。

实践与管理：如果这些蝇的数量较少，可以让它们自生自灭，因为它们有时会发挥积极作用。在数量突然增多的情况下，“镜像法”[㊀]可能是一种有效的对策。在工作场所，承认和善待自负之蝇是必要的。

㊀ 此处所说的镜像法来源于库利的“镜中我”理论，大意是由于他人对自己的态度像一面镜子一样能照出自己的形象，故借由他人的态度来了解自己的方法称为“镜像法”。——译者注

你知道《苍蝇效应》有六个不同版本吗？而且每个版本都有不同的封面。你所选择的封面颜色正揭示了你的性格特征。像你这样选择红色版本的人都是相当独特的：一方面，他们可能非常外向和开放，正如红色是表达和情感的颜色；然而另一方面，他们也可能是非常内向和“自顾自”的。封面上的卡通图案正体现了你的这种特点。对于你这样的人，我们有一个非常有趣的投资机会！

你一定已经闻到了虚张声势的味道；别怀疑，你是正确的——本书的封面没有六个版本，实际上最后上市的所有书都采用了同一种封面设计。[1]然而，你或许已经发现我们所描绘的心理轮廓与你自己极其相符；而这，正是一种经典的苍蝇效应：**福勒效应（Forer effect）**。这一效应所指的正是大多数人会认为诸如上述“心理轮廓”之类模棱两可的陈述适用于自己，但不适用于其他大多数人。早在20世纪，算命先

[1] 虽然我们确实测试了一些封面变体，其中每个变体都应用不同的颜色和不同的副标题，但目前的封面通常被认为是最具吸引力的版本。

生和手相术士已经开始应用这种效应坑蒙拐骗。甚至在今天，社交媒体上充斥着“如果你既内向又外向，你必然会倾心于此”的说法。[一]

尽管我们已经解释过，但你可能仍然在想：虽然福勒效应可能真实存在，但它未必适用于我——我恰好是那些既内向又外向的人之一。我们并不想贬低你的独特性格，但是作为人类，我们对自己的了解可能并不像我们认为的那样充分。最聪明的苍蝇会很高兴地利用这一点，巧妙地利用你的大脑在自我觉知方面的错觉、盲点和捷径。因而，为了理解和识别这些苍蝇，你需要开始以一种不同的方式审视自己。

自我保护与自我觉知

你是否总是有意识地根据事实做出经过深思熟虑的决策？或者你觉得你的决策是由进化、个人基因、情境和环境因素共同决定的吗？事实上，你的决策不是由这两种方式中的任何一种单独决定的，而是它们共同作用的结果。就像音乐是由节奏、旋律、和声和音色共同创造的一样，你的行为

[一] 女士们，当有人对你说“我觉得你还有截然不同的一面”时，他要么是听从自己的直觉，要么是参加了一些非常俗套的搭讪课程（后者的可能性要大得多）。

也是由生物性、文化、环境和性格共同塑造的。这些因素之间的关系相当复杂。例如，子宫内营养不足可能影响基因的功能，从而增加你在特定情况下以特定方式做出反应的可能性。这意味着人们对自己行为的控制能力实际上是较为有限的——尽管我们往往不愿意承认我们的这种局限性。有时候，战争、剥削、污染和社会两极分化等社会问题的解决方法看似非常简单，即："我们为什么不……呢？"很遗憾，即使诸如功能性磁共振（fMRI）和脑电图（EEG）之类的神经科学扫描技术能够揭示大脑的方方面面，它们也从未找到过任何"重置按钮"。不管你多么有觉悟，也无法忽视人类三亿年进化的深刻影响。这就是为什么部落主义、自我保护和短期思维等看似极易解决的问题如此根深蒂固。在最理想的情况下，我们可以学会更聪明、更合理地看待自身行为中的优点和缺点，但即使这种看法本身也不完全是理性的。

古典经济学家曾认为，在决策过程中人们会衡量各种利弊来做出选择。然而，当代行为经济学家通过观察人们的实际选择发现，现实情况要比传统经济模型所做的预测复杂得多。虽然你的大脑确实会不断地做出预测并衡量不同选择所带来的潜在利弊，但是，你用来得出结论的逻辑却是一种独特的、原始的思维方式。在当今社会，未经深思熟虑就立即采取行动可能会让你失去成为管理培训生的机会；然而，在很久以前的草原上，这种行为曾拯救过你远古祖先的生命。这就是为什么这种冲动——具体而言，未经深思熟虑就立刻决定哪个选择能保证自己的基因得以顺利延续的冲动——仍然存在于你身上。这种古老的冲动与现代生活的需求往往相互矛盾：例如通过仔细比较各种形式的抵押贷款，你可能最终会选择一种让你目前挣扎于财政旋涡中、30 年后却非常满意的贷款计划。总之，那些认为自己是完全理性的人很有可能误解了自己。这种对于自我的误解同样适用于那些认为自己擅长社交、充满爱心或极具觉知力的人。这种误解的关键不在于人类是非理性的，而在于你不能过分相信自我反省能力。即使有时候我们不愿意承认，我们对于自己的了解远远不如我们所想象的那么深入。

自我评价过高的力量

人类对自己的认识往往是不太准确的，自我评价过高就充分反映了这一点。比如，那些处于平均水平的司机会认为他的驾驶技术高于平均水平。尽管从数学角度来看，每个人都高于平均水平显然是不可能的，但人们似乎都觉得自己在平均水平之上。对于司机水平的评价存在客观的评估标准，比如多少年没有发生过交通事故；但即便是对于更难以客观衡量的事情（比如评估你的直觉有多准确），自我评价过高也同样常见且普遍：大多数人认为自己具有很强的直觉，自己的观点有很大可能符合现实。尽管听起来有些矛盾，但自我评价过高有时候也有助于我们更全面地看待自己，可以算作是人的基本特点之一。正如本书之后会讨论到的那样，它也给我们带来了许许多多的好处。

然而，自我评价过高也可能会导致非常糟糕的决策。1995年4月19日在匹兹堡发生的事件就是一个著名的例子。[1]那一天，麦克阿瑟·惠勒（McArthur Wheeler）抢劫了两家银行——这本身就是一个相当不明智的决定。但更离谱的是，这位抢匪选择用柠檬汁来伪装自己。惠勒知道柠檬汁可以作为隐形墨水使用（小孩子们会玩这样的游戏：用柠檬汁写字，之后通过加热让字慢慢显现出来），于是他猜测将柠檬汁涂抹在自己的脸上能让自己"隐身"，连监控摄像头都无法捕捉到他。根据警方记录，惠勒在出现上述行为的时候并没有受到酒精或者毒品的影响。这个故事激发了心理学家大卫·邓宁（David Dunning）和他的学生贾斯廷·克鲁格（Justin Kruger）去研究这类糟糕的决策背后的原因。他们最终发现的效应被命名为**邓宁–克鲁格效应（Dunning-Kruger effect）**，它是如今最为广泛讨论的苍蝇效应之一。

这种效应可以被概括为：那些对某个主题略知皮毛的人

常常会过高估计自己的知识水平，部分原因是这些人依靠其他记忆过程快速做出决策。[2]这种效应在社会各个方面都有所体现：有些建筑工人认为自己在金融业的管理方面可以表现得比现有从业人员更好，并毫不犹豫地在社交媒体上分享这一看法；与此同时，也有金融高管相信自己可以独立装修房子，最后甚至因为糟糕的装潢成果而登上电视。另一些时候，有些模特在花了几个小时研究后就觉得自己明白了医学发展的症结所在。邓宁－克鲁格效应的迷人之处正是在于它是一种对正常学习曲线的偏离。当你对一个主题有了更多了解，并开始意识到你还有很多知识盲区的时候，每一项新知识都会引发诸多反思：它不一定总是正确的，它需要进一步验证，它不该如此绝对……于是，力求严谨让你对表达意见变得谨慎，从而给了那些自信满满但实际知识有限的人可乘之机。这就是为什么脱口秀演出的观众会意外地听到表演者对可持续能源转型的看法，而且这些表演者坚信他们的建议与科学家的建议一样有价值。甚至当你反复询问他们是否真心相信这些建议的有效性时，这些表演者会出人意料地表示他们对此深信不疑。

自我评价过高的棘手之处在于你很难通过直觉感受到自己正过高地评价自己，因为这种现象恰恰是由直觉引发的。所以，我们很容易被魔术师和骗子的把戏所迷惑——你总是确信自己真的看到了魔术师将小球藏在哪个杯子里。令人惊讶的是，即使是受过高等教育的人也常常陷入诈骗的圈套，[3]例如有些人会将大笔资金转给虚构的、并不真实存在的网络情人。他们在自己的专业领域内学识渊博；但恰恰因为这样，他们确信自己在其他方面也比普通人聪明："像我这样聪明的人肯定能分辨真假。"这也是为什么一些诈骗把戏被称作"信心游戏"——诈骗犯正是利用了受害者们过于强烈的信心行骗成功。那么，如何最有效地应对这个问题呢？答案是，无论发生什么，永远不要觉得你是能在这场游戏中获胜的特例，或者是能从一个虚假抽奖弹窗中赚大钱的幸运儿。在有疑虑的时候，不妨寻求他人的建议。我们对他人的评估通常要比对自己的评估更为客观。

大脑：生而为了自我保护，而非自我觉知

所以，你的大脑时常会捉弄你。这究竟是为什么呢？别担心，你没有做错什么。经过人类的漫长进化史，你的大脑会将现实世界中对你最有益的一面展示出来，尽管它可能并不是最准确的。在这个过程中，你的大脑做出决策，并分配一个"发言人"（也即认知过程中有意识的部分）来为这些决策向外界辩解。[4]在任何社会中，特定的性格特质（例如适度的自信、适当的谦逊、足够的可靠性以及适当的坚韧或关

爱他人的能力）对于更好地融入社会而言都是必要的。从长远来看，这些特质很难伪装：毕竟即使是最优秀的演员有时也会露出马脚。对于你的大脑而言，最聪明的做法是让它的“发言人”相信你具备某些特质，从而使得其他人也很可能会相信这一点㊀：这就是自我欺骗的力量。甚至连最危险的煽动者和邪教领导人也深信他们自己的故事，以至于他们似乎能够把其他人完全蒙在鼓里。

从技术上讲，同样的原则也适用于你大脑中的“小声音”，即你的内心独白。心理学的理论[5]认为，这种现象是为了应对可能发生的对话而产生的。㊁假如你从大家共享的篮子里拿走了太多苹果，你的大脑就会为可能引发的争论做好准备：“我之前做的工作让我饿得不行。”渐渐地，这样的小声音变成了你性格特点的完整描述，突显你的优点，并以积极的方式展示你的弱点。㊂尽管这种进化论的解释看似非常合理，但不可否认它们很难完全得到实证研究的证实。然而，我们仍然欣赏这样的观点：人类经验中的自我，很可能是进化过

㊀ 作为广告创意人员，蒂姆经常在特定情况下体验这样的感受。在他为某品牌创作广告的过程中，他会非常倾心于该品牌的番茄酱或啤酒。

㊁ 这种方法的确看起来相当有效：当演讲者在演讲过程中用“你”的形式开展演说时，他们会得到更正面的评价。想想足球运动员的说话方式，在带球的那一刻你会想，“克里斯蒂亚诺，你可以做到”，所以你就射门了。

㊂ 事实上，一些心理治疗师会帮助人们有意识地重塑这样的心理故事。这些故事可能非常积极，也可能非常消极。

程中为了避免麻烦而产生的一个巧妙伎俩。

有一件事可以肯定：你的意识并不完全了解你的大脑如何运作。即使你现在内心的小声音告诉你“我完全认识到老板、同事、母亲或兄弟身上有这个问题，但在我自己身上却不是这样”，这一问题依然存在。你可能要对这个小声音持怀疑态度。如果你需要帮助，许多冥想练习可以帮助你解决这个问题。

在家试试！

这是一款派对游戏。给你的室友（或者办公室的朋友，或者一群其他朋友）一支笔和一张纸。让他们写下他们在某件与他人合作完成的事情中所做贡献的百分比。这件事可以是一家人一起组织年度圣诞活动，或者他们担任家庭或工作小组的司机的频率。出人意料的是，这些数字之和——根据小组规模可能有所不同——往往会高达150%。这种现象产生的原因正是每个人都高估了自己的贡献。如果让他们一起充分讨论一下各自贡献（即这些百分比），并在大约15分钟后询问他们同样的问题，虽然大多数人会降低对自己所做贡献的估计，但这些数字之和仍然会超出100%。

因此，我们的自我觉察能力还有很大的提升空间，我们往往系统性地高估自己。但是，我们想用如此夸张的自我形象去欺骗谁？我们自己还是外部世界？阿姆斯特丹大学的经济学家约埃尔·范德韦勒（Joël van der Weele）和一位德国经济学家共同研究了这个问题[6]：我们仅仅是喜欢那些不切实际的、过分美化的自我形象吗？还是因为在与外部世界的交互中，高估自己对我们有利，所以我们会自我欺骗呢？

首先，研究者们发现，如果高估自己看起来有利，人们往往会这样做。研究中的受试者首先进行了一个智力测验，然后他们需要估计自己的得分。正如之前提到的司机一样，大多数受试者会认为他们的智力分数比平均值高。随后，研究者故意改变了他们呈现给受试者的信息，部分受试者得到了正面的反馈："恭喜你！你的分数比平均值高！"相比于得到负面反馈的受试者，得到正面反馈的受试者在实际分数相同的情况下更能说服别人自己的智力分数要高于平均值。与之相对应的是，那些知道自己将要去说服其他人自己的智力分数高于平均值的受试者，在实验中也更容易高估自己的成绩。因而，本研究证实了人们在社交场合中过高估计自己的主要目的正是希望在别人面前吹嘘自己的优点。㊀

㊀ 在演讲中，人们经常会问这些效应在女性和男性身上是否有所不同。通常的答案是否定的，但值得注意的是，在这个实验中，它们实际上确实有所不同。尤其是男性在社交场合更容易高估自己。因此，无意识的战略吹嘘实际上是一种明显的男性特质，伊娃高兴地得出这样的结论。对此，蒂姆喜欢补充说，他一直都知道这一点，因为在这些方面他确实非常优秀。

我们因而可以得出结论，人们在社交场合中的自我高估甚至比平时更严重，而且这实际上也有其目的。虚张声势是你在别人面前需要做的事情！[7]

诱惑岛法则

我们知道我们所处的特定情境会影响我们的行为，而许多人倾向于认为性格是行为的决定性因素。这当然也适用于我们最喜欢的一项行为实验《诱惑岛》(*Temptation Island*) 的参与者们。这是一档真人秀，参赛的情侣将面临性的诱惑。事前，参与者坚信自己会保持忠诚，仅仅因为他们知道自己天性如此。然而，一旦进入别墅，世界突然变得截然不同。高温、阳光、酒精、奢侈品……在岛上，许多苍蝇嗡嗡作响。事实证明，它们几乎是不可抵挡的。一次又一次，个体当下身处的情境的力量打败了动机或性格。

你可能不是会第一个报名参加有可疑诱惑者的真人秀节目的人，但坦率地说，我们大多数人在度假时会冒一些在家里时不会考虑的风险。你并不是唯一一个这样的人。不久前，蒂姆参与了主题为智慧旅行的政府活动。该活动的目标是防止荷兰人在度假时在酒精影响下租车驾驶，尽管他们通常会在家里遵守交通规则。不同的环境下会有不同的行为。这一点并不奇怪。显然，你在健身房的行为会和你与伴侣相处时、与老板相处时、在学校操场和在聚会时截然不同。每个人都承认这个事实，但同时，我们仍然低估了环境的影响。

对于健康计划来说也是如此，比如戒烟、减少饮酒或增加锻炼等。通常我们会纯粹依靠意志力和性格来尝试改变。然而，如果我们意识到环境的影响，我们就知道改变环境可能更有效。自由意志可以意味着自由地影响自己的环境——例如决定不再购买零食，而不是在家里奋力抵制饼干罐的诱惑。而那些打算对伴侣忠诚的人应该带他们去一个浪漫的酒店。也许这和充满异国情调岛屿上的豪华别墅有所差别，但它绝对是一个可以支持你们关系的环境。

骗子被骗了？

在 2016 年美国大选之后，围绕剑桥分析公司（Cambridge Analytica）引发了相当多的争议。该公司利用各种据称是合法获得的脸书（Facebook）数据，根据人们的心理特征来“定向”推送信息。人们因而会看到与他们个人资料相匹配的支持特朗普的理由：焦虑的性格？“不要让美国沦陷！”开放的性格？“发现美国的未来！”前员工在讲座中解释了他们是如何做到这一点的。他们使用脸书的数据定位人们在大五人格模型（这是许多心理学家认为有意义的几种分类之一）中的五个维度上的得分。凭借几千个你的“赞”，系统应该能比你的伴侣更精确地预测你的心理测试结果。通过这种方式，它能够向你展示能够说服你的广告。科学家们对这些说法是否属实产生了浓厚的兴趣。确实，他们观察到与某人的心理特征相匹配的广告会增加其投票给特定候选人的意愿。[8]然而，人们对这会给行为实际上带来多大影响提出了质疑。特朗普的社交媒体专家布拉德·帕斯卡尔（Brad Parscale）在下一次选举中远离了这些做法。不是因为它们被认为是不道德的，而是因为在他看来，它们不够有效。在2021年的选举中，荷兰政党基督教民主党（CDA，Christen-Democratisch Appèl）在数千个不同变体的社交媒体广告上下了赌注，但他们希望看到的“沃普克（Wopke）效应”（沃普克·胡克斯特拉——Wopke Hoekstra——是该党的政治领袖）却未能出现。也许剑桥分析公司并没有欺骗选民，而是欺骗了他们不怀好意的雇主？

在它对你有用时，你能意识到它

在一种特定的情况下，人们会承认环境的影响：当他们犯了错误时。那些搞砸了事情、背叛了信任或未能信守承诺的人，会突然毫不犹豫地承认环境的影响。通常，环境甚至被默认应该承担责任："这不是我真正的本性，我被冲昏了头脑。"这是一个熟悉的行为模式：**基本归因偏差（fundamental attribution error）**。

如果你问一个成功的企业家他成功的秘诀是什么，他通常的回答会类似于："我天生是一个勤奋的人。"所以是他的性格决定了他的行为！但是如果这个人因为犯了一个错误而道歉，你认为他会回答"天性使然，我坚持我的想法，甚至有时过于不理智"吗？不会。更有可能是这样的回答："我当时正经历一个困难时期，在激动的情况下，我做了我平常绝对不会做的事情。"奇怪的是，面对他人时我们经常看到相反的情况。"他在事业上很幸运，但现在我们发现他真是个浑蛋。"如果你决定在交通灯闪黄灯时加速通过，很显然这是一个特例，因为你生怕太晚赶到一个非常重要的约会。然而，一个陌生人可能会认为你"公然无视红灯"。这种基本归因偏差很难避免。但至少你现在知道不必太过认真地看待成功人士自传中的人生教训。有时你可能需要忍住冲动，不要以片面的方式解释自己的成功或失败。

所以我们并不像我们自认为的那么聪明，我们不听取反馈，将幸运的成功归功于自己。但至少我们对此是诚实的，是吗？然而，实际情况并非如此。你的诚实程度在很大程度上取决于情境。在一档播客中，[9] 自欺研究领域的知名研究者丹·艾瑞里（Dan Ariely）举了一个例子，展示了从诚实到自欺是怎样的滑坡过程："我身有残疾，但说实话并不严重。我和我的朋友一起来到登机柜台前的长队，我让他帮我拿一把轮椅。其实我并不是真的需要它，但我们借此更快地办理了登机手续。好吧，我作弊了。因为我现在坐在那个轮椅上，我的朋友不得不把我抬到座位上，还得帮我去卫生间。由于我坐在 37D 号位之类的位置上，我在飞行过程中没喝水。后来，我依然沉浸在自己塑造的形象中并沮丧地去向航空公司抱怨，指责他们如何羞辱轮椅使用者。"艾瑞里以这个有点儿尴尬的逸事为例是有原因的。他借此展示了自欺的核心：不仅是夸夸其谈，当你自己也相信时，说谎能更有效。由此，他进一步指出这是一个滑坡的过程。他能够将这种欺骗"推销"给自我形象，因为他确实有轻微的残疾。由此以来，他认为自我形象以及人们能够维持它的程度是行为的决定性因素。你此时可能已经听到苍蝇的嗡嗡声了。另一个例子是人们在生活中避免募捐的情形。如果一个敲响铃铛的募捐者站在超市入口处，每个人都会直接走过。但在一个实验中，当人们看到募捐者与过路人进行眼神交流和搭话时，近三分之一的人决定选择另一个出口。[10] 我们不愿意看到自己对慈善事业说“不”的形象。

那只什么都没做却依然有效的苍蝇

亚马逊出售很多奇怪的东西，但我们最喜欢的是一个名为 Zeebo 的产品。口号是：“纯正真实的安慰剂，立即见效。”这些是真正的非处方安慰剂药片，用于“缓解症状，提高注意力，明晰头脑，增加精力和平静感”。而且，如果你对它们的有效性还有疑问，可以看看满意的顾客“ Oshe”给这个产品的四星好评：“非常好的安慰剂药片……完全达到了预期效果。”

安慰剂（placebo）是一类特殊的自欺之蝇。你可能在医学领域了解过它们，它们主要在测试中被用于确定真药与假药对照的反应效果。你可能还知道，安慰剂有时可能产生真正有益的效果。

身体的感受能够很好地预测药物的预期效果，以至于使用安慰剂的患者确实感觉到更少的疼痛或更多的能量。**安慰剂效应（placebo effect）**已经存在一段时间了。1807 年，托马斯·杰斐逊（Thomas Jefferson）报告说，一位与他交好的医生用彩色水滴取得了巨大的成功。在第二次世界大战期间，由于真药的短缺，医务人员会使用安慰剂，有时效果出奇地好。当然，断肢不会因为一颗假药而突然重新长出来。然而，在疼痛、压力或倦怠的症状上，安慰剂确实可能会产生积极的效果。在这种情况下，有几种方法可以增加安慰剂的效果：增加剂量或提高价格，你会发现人们会因此体验到更多的积极效果。为了进一步增强体验，你可以要求人们仔细地在皮肤上涂抹安慰剂，进行注射，甚至进行假手术程序——剪开，缝上，大功告成。

白色的安慰剂对头痛有更好的疗效，红色的安慰剂能够提供更多能量。而且，药品说明书中列出的副作用越多，安慰剂的疗效被认为越好。不幸的是，人们可能也会体验到**反安慰剂效应（nocebo effect）**。当使用安慰剂的人体验到真正药物的副作用时，就会发生这种效应。而且即使人们知道自己正在服用安慰剂，他们也会比完全不服用的人得到更好的结果。这是多么弯绕：你的大脑期望着安慰剂效应，并实际上创造了那种体验！尽管如此，我们不认为你会很快在亚马逊上订购一盒安慰剂。只是，你在日常生活中可能会经常无意识地经历安慰剂效应。想象一下以下情景：两个同事在办公室里。一个同事感觉有点儿冷，把恒温器调高；另一个同事则出汗，觉得太热。他们不断地按按钮，转动旋钮，同时进行一些愤怒的对话。最后，他们找到了一个双方都满意的设定：理想的工作温度。他们在恒温器上贴上一个便笺，上面警告："别碰！"你是否认识像这样的同事，或者你自己就是其中之一？那么我们建议你永远不要从墙上移走那个恒温器。很可能背后实际上什么也没有。你被"欺骗"了，那是一个安慰剂按钮。实际上，这种情况可能比你想象的要多。在美国，记者问空调专业人员是否曾经安装过安慰剂按钮：71 个人中有 50 个回答"是"。[一]你又是否相信电梯里的"关门"按钮实际上会关闭门？也许门本来就会自动关闭？那么过马路呢？例如，纽约市有 3 250 个过街按钮，其中 2 500 个实际上没有任何作用——至少在技术上是没有作用的。因为它们实际上做了很多事情：它们让人们感觉自己对等待红绿灯时间有某种影响，这可能会让他们不那么容易在红灯时冲进出租车。这正是这类自欺之蝇效应的最显著之处：安慰剂什么都不做，但它们确实起了作用。[二]

[一] 这则信息来自《纽约时报》，但其实更有趣的来源是《空调、加热和制冷新闻》，这是一份 2003 年的刊物。

[二] 大多数人对安慰剂很敏感，但对它的反应程度因人而异。导致这种差异的因素仍然不清楚。

你知道这确实有效

从技术上讲，它们并不是安慰剂，但它们确实和安慰剂有关联：那些没有实际效果，但让你认为它们确实有效的自欺之蝇。在回忆录中，广告传奇人物杰里·德拉·费米纳（Jerry Della Femina）回忆起一款惨败的创新产品：一种无刺激感的抗菌洗面奶。很明显，消费者们实际上喜欢酒精在皮肤上的刺痛感：他们希望感觉到它的作用。现如今，产品开发者总是考虑到这一点。他们让牙膏在口腔里产生更多刺痛感，远超过技术上所需的程度。咳嗽药的味道也故意更难闻，给你一种真的在吞下药物的感觉。在营销界有一个众所周知的故事是，健怡可口可乐（Coca-Cola Light）在女性中仍然非常受欢迎，因为其口味比更加男性化的零度可乐（Coca-Cola Zero）更清淡。显然，消费者调查显示，女性喜欢尝到真正没有糖分的味道，这证实了她们走在了正确的道路上。然而，科技界对此类影响考虑较少。微软从网页版 Word（Word for web）中移除了“保存”按钮，因为保存操作是自动进行的。然而，他们完全忽视了该按钮从情感角度上带来的心安和满足感，当你完成某件事情时会感觉很好。

你只是因为在标致车里就会感到更加愉快

品牌在某种程度上可以看作是最终的安慰剂。给人们提供一次盲测[一]，你会发现畅销的可乐未必是最好喝的。[二]但如果展示了品牌，突然之间销量排名第一的就真的变成了最好喝的。拉格（Lager）啤酒的饮用者在盲测中通常甚至无法认出他们最喜欢的品牌。一个非常特殊的类别是高端音响，它们往往配备有 24K 金插头和比全新家庭轿车还要贵的音响电源线。音响发烧友们发誓，只要有任何改变，他们就能立刻听出差异。我们甚至听说有人在切换到可持续能源后觉得自己的音乐不再那么好听了！你可能已经猜到了：在盲测中，几乎没有证据支持这一观点。那个来自收银台促销货架的 5 欧元电源线所带来的音响效果完全一样。[三]然而，真正的音响发烧友在聆听他们极为昂贵的立体声系统时体验到巨大的愉悦。这是一种昂贵的苍蝇，但是，嘿，如果你有能力并且喜欢，为什么不呢？不过，我们不建议为了购买音响系统而贷

[一] 在试验过程中对部分品牌相关信息保密。——译者注

[二] 再次提醒，这样的测试可能会受到狡猾的苍蝇的影响。一种可乐在冰凉条件下可能更美味，另一种在室温下可能更好喝。而且，一口可能好喝，五口可能难以下咽。

[三] 顺便警告一下，那个促销货架也可能有苍蝇效应！这是零售商非常喜欢的一种有效的伎俩。他们把产品扔进促销货架，人们立刻认为里面的东西很便宜。促销货架意味着必须快点儿卖掉，多买多赚，零售商从中赚的钱不够支付常规货架空间的费用。然而，通常这些商品的价格并没有比正常价格低。

款。如果有疑虑，至少要先进行一次盲测。

除了避免安慰剂效应，你还可以选择在日常生活中应用它们，你甚至无须咨询医生。知名厨师擅长理解苍蝇，从餐厅的时尚前台到启发他们创作这道前菜的建筑物的故事，更别提餐厅门口的那颗“米其林”星星：在你品尝食物之前，你的大脑已经知道你将要获得的体验了。这一口将会是精致而层次分明的，将会有令人惊喜的味道。在星级厨师的竞争中，他们竭尽全力。你可能听说过有种为水煮牡蛎提供正确的背景音乐的耳机。显然，像你这样的人不会上当受骗。然而，那牡蛎确实美味极了！如果将普通葡萄酒倒入一个高档酒瓶中，客人们将真正品尝到精致的味道。⊖脑科学研究表明，葡萄酒昂贵的价格确实影响了享受的程度。[11] 这种效应超越了“自欺欺人”；激励是虚假的，但体验是真实的。把你家孩子的胡萝卜包在色彩鲜艳的快餐包装中，你会发现她实际上会更加喜欢它们。

你不知道的是

一个好听而科学的形容自欺欺人的术语是“战略性无知”（strategic ignorance）。人们是否有意无视不想知

⊖ 也请参考纪录片《酸葡萄》（*Sour Grapes*），在其中，百万富翁愉快地为超市葡萄酒支付了数千美元。

道的信息呢？为了找出答案，科学家们设计了一个简单的实验。他们向被试提供了一顿餐点，而被试可以选择查看食物含有多少热量。结果，高达 46% 的人选择不打开包含信息的信封。看起来，他们更愿意享受食物，而不感到内疚。但自欺欺人……哦，不，我们是说战略性无知。当科学家们询问（其他）人在这种情况下会怎么做时，只有 19% 的人表示他们不会打开信封。似乎我们也欺骗自己关于我们欺骗自己的程度。[12]

（顺便说一下，你看过纪录片《奶牛阴谋》(*Cowspiracy*) 吗？它讲述了我们肉类消费方面的土地和水惊人的使用情况。⊖它非常具有说服力——看完后你或许将永远抛弃肉类。）[13]

你的大脑也是同谋

到此为止，你已经意识到你的大脑经常欺骗你。不幸的是，这可能并不意味着你将不再上当受骗，或者说你已经达到了“更高层次的意识”。仅仅因为你意识到你的大脑中存在漏洞，并不意味着你能够避免它。视错觉是说明这一点的最

⊖ 喜欢吃肉的人很可能不会阅读这段文字。这种信息只会让你的良心受到煎熬，所以你可能更愿意回避它。

佳方式。如图 1-1 所示，无论你告诉自己多少次图片中的线条长度相等，你总是看到其他情况。这一认知对本书的其余部分至关重要。正是那种自动且无法摆脱的自欺欺人使得你的大脑容易受到苍蝇效应的影响。

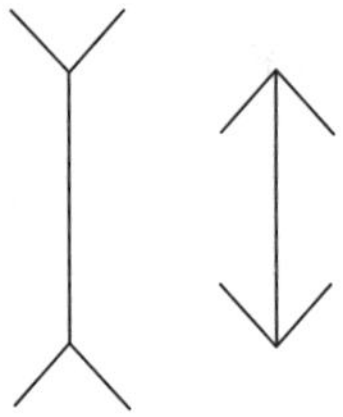

图 1-1

没错，你知道它们长度相等。不过你真的能看出来吗？

在家试试！

如果你有不愿意吃完所有饭的孩子，那么你可以尝试应用**德勃夫错觉（Delboeuf illusion）**。不要给他们小孩子用的小盘子，而是给他们橱柜中最大的盘子。如图 1-2 所示，同样分量的食物突然间会看起来更容易处理。如果你将盘子的大小加倍，那将使他们多吃 41% 的食物。[14] 这个方法也可以反过来使用，这正是自助餐厅的餐盘通常很小的原因。

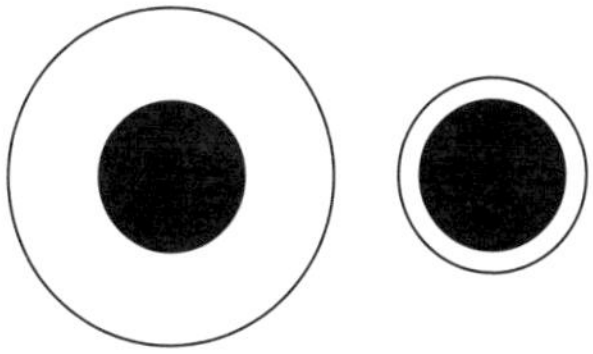

图　1-2

德勃夫错觉：左边和右边的黑色圆圈大小是相同的。然而，左边那一份看起来更好处理。

你自己的大脑是那些希望引导你的行为朝着某个特定方向发展的人的狡猾同谋。我们同样可以用视错觉来说明这一点。想想日常交通吧。你可能认为让人们更小心地驾驶的方法是通过交通标志、罚款、摄像头或宣传活动。然而，我们也可以应用一个错觉，欺骗你的大脑，让它认为道路在变窄。在现实生活中，道路并没有变窄，但你确实会减速。同样的情况也发生在 3D 斑马线上，如图 1-3 所示，它通过巧妙的绘画制作而成，看起来悬浮在道路上方。当你的大脑向你显示一个障碍物时，你的脚会朝着刹车踏板移动。在餐饮业中也可以找到更狡猾的应用。相同数量的液体在一个较窄、底部较高的玻璃杯中似乎更多。你的大脑会呈现给你一个更满的杯子，并决定可以支付更多的钱。你还可以将你的大脑和自我欺骗作为你个人计划的同谋：购买较小的盘子，你会吃得更少。要找到最聪明的苍蝇，你需要去迪士尼乐园。这里的一些建筑物只有半层楼，因此刻意创造了虚假的透视效果。你的大脑会估计街道比实际上更长、更壮观，而那座神奇的城堡就在尽头。对于那些开车数小时，在骄阳下排队等待了一段时间，并在售票处花了一大笔钱的人来说，这个景象让他们觉得自己进入了应许之地：一切都是那么值得！尽管你可能被那家聪明的公司操纵了，但你自己的大脑至少也是同谋。

图 1-3

相较于提醒减速的交通标志，3D 斑马线会让你更快地作出刹车反应。

在家试试！

填充下面的单词：

ANIMAL　　FINGERS

H_ND　　H_ND

在上面的示例中添加元音，你是不是读出了 HOUND 和 HAND？许多人会这样做。上下文决定了你的期望，你的大脑会填补剩下的部分。换句话说，单词“animal”和“fingers”在心理上引导你朝特定方向思考。这是**启动效应（priming）**的一个例子。

注意启动效应！

在社交场合，确保不要将冷饮放在右手中。握起手来感觉温暖的人被认为是更亲切的人。如果你将简历打印在厚纸上，申请委员会会认为你是一个“更厚重”的候选人。而如果新闻报道了火星着陆，商店里就会卖出更多的火星巧克力棒。尽管这些都是众所周知且引人注目的例子，但对启动效应的研究并不是毫无争议的。一些备受关注的实验只涉及很少的参与者。并且在重复实验时结果和最初实验完全不同。这也许是因为研究者下结论时太过仓促。如果你深入研究潜意识广告（你知道的，电影中有隐藏信息会让你去买爆米花的那种），你就会感到惊讶。最初的实验引起了广泛的公众愤怒：它被视为洗脑，人们认为应该禁止。然而，几年后，事实证明这些测试是伪造的，它们只是一种销售这种类型广告的伎俩。然而，在你感到太过宽慰之前要知道：在 2006 年，荷兰乌得勒支大学（Utretcht University）的研究人员决定尝试一下。[15] 他们实际上成功地在实验室环境中通过快速隐藏的图像影响了行为。然而，英国研究者试图在实验室外重复此实验，结果却一无所获。我们猜想，尽管启动效应确实存在，但我们还不完全了解它是如何以及何时起作用的。目前，我们建议不要从这些类型的调查研究中得出任何严肃的结论。

在本章中，你发现你的大脑已经进化到足以欺骗你的程度了。部分原因是存在“捷径”；你的大脑得出的结论通常是正确的，但并不总是如此（想想视错觉）。很多自欺欺人是由你大脑中的新闻发言人引起的，这往往导致你高估自己。只需想想所有那些自认为是高水平的司机、福勒效应和邓宁－克鲁格效应。你读到了你是如何欺骗自己，认为自己的成功是出于自己的努力，但失败可以归咎于环境。以及你是如何以完全相反的方式看待别人的情况：基本归因偏差。你发现安慰剂不仅出现在医学实验中，还出现在工作中、电梯里和餐桌上。你还了解到组织和公司喜欢将你富有欺骗性的大脑视为同谋。

现在你可能变得非常怀疑，不停扑打着脑袋周围飞舞着的、看不见的苍蝇。它们无处不在！不过，放松吧：有时你可以避免它们，甚至有时还可以利用它们。如果你这样做，请负起责任。如果你无法避免它们，至少现在你可以认出它们并对它们微笑。我们将在接下来的章节中更详细地研究最常见的那些苍蝇。

至少你可以相信我们。我们永远不会欺骗你的，对吧？

懒惰之蝇遵循
最小阻力之路。

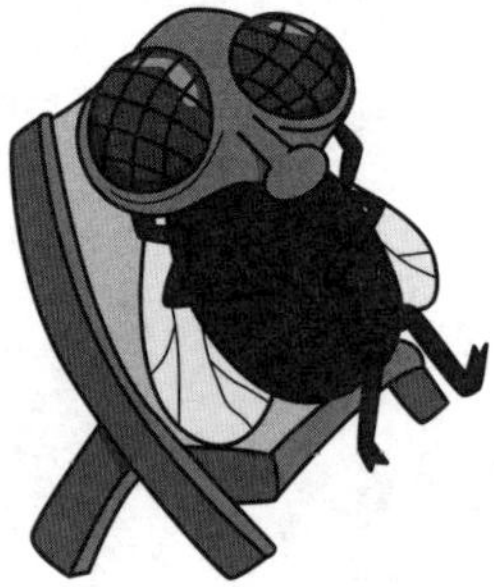

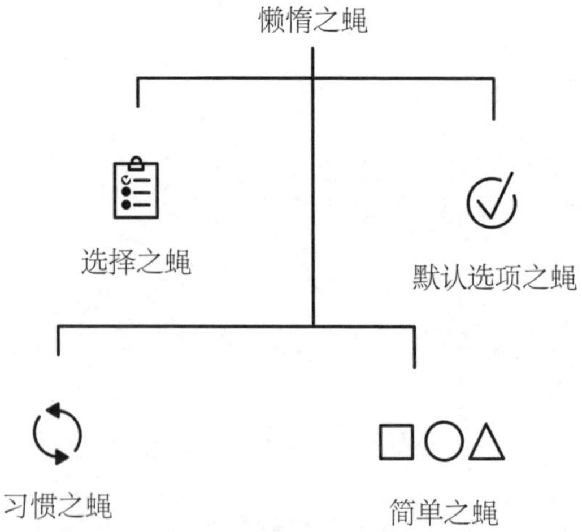

第 2 章

懒惰之蝇

乍看之下，它是一种小巧、不引人注目的苍蝇，经常被忽视。实际上，它是良好行为与友善意图的自然之敌。它往往盘旋在机会主义政治家的头上，也常见于超市，但也越来越多地出现在政府部门。它无法被控制，但通过调动注意力也是可以避免的。了解懒惰之蝇可以用来对抗不良行为——从不健康的选择到拖延还款。它的座右铭是：“我不是个漏洞，我是一种特色功能。”

在2014年，一个引人注目的初创公司进入了市场。Washboard.co针对的是使用自助洗衣店的人群。操作洗衣机需要硬币，但硬币如今已经变得很少见。显然，你可以积攒硬币，或者在银行或换币机上兑换硬币，但这可能会太麻烦了。Washboard.co抓住了市场机会，提供了一个方便的订阅服务。每月仅需27美元[㊀]，客户就可以每月收到80个25美分的硬币。你说得对，这相当于20美元。然而，Washboard.co没有长久存在。这并非因为缺乏客户，他们遇到了一些财务和法律问题（我们非常希望这与洗钱无关）。但Washboard.co的创始人确实非常明确地看到了一件事：人们愿意不惜付出很大努力来避免一点点的麻烦——而一些恶劣的苍蝇效应实际上就是依赖于这一点。

㊀ 1美元=100美分。

欢迎来到最小阻力之路

一个著名的营销口号是“从为什么开始”。在本章中，我们想把这个口号反过来说。如果你请人们参与一个应该是愉快、有趣、合理的或对他们有益的行动或活动，为什么他们还没有这样做呢？从“为什么不”开始。答案可能在于根深蒂固的心理阻力。然而，很多时候真相有一个更表面的原理：他们被要求做的事情太麻烦了。这仅仅是因为大脑更愿意尽量避免努力。这可能适用于身体努力，比如兑换硬币、寄送收据或骑自行车去市政厅。或者甚至可能是一点点简单的努力，比如弯下腰或短暂踮起脚尖。雷克雅未克的研究人员设法在一家店里将一种薯片品牌的市场份额增加了一倍，这在营销界算是一项奥林匹克级的成就。有趣的是，他们没有推出创意广告活动。他们也没有采用一些聪明的策略，彻底改变人们对薯片的看法——都不是。他们只是将薯片袋从柜子的底部移到了中间位置：完全可以看到并可以拿取的地方。公司可能认为他们的常客是忠实的粉丝。但如果竞争对手的薯片更容易拿取，那么只需弯下腰可能就已经意味着高要求了。大脑选择了最小阻力之路。当然，公司乐于利用这一点，并尽全力让人们容易选择他们的产品。在你附近超市的幕后，商品供应商们可能进行了激烈的谈判——所有供应商都希望将他们的产品放置在繁忙的通道里最显眼的货架上，理想情况下是在眼睛的水平线上，因为“视线水平就是购买水平”。包装通常被设计成容易拿取（比如方便的小番茄桶），并尽可能减少关于内容的困惑。主要制造商会制定完整的“货架愿景”，试图说服零售连锁店以最佳方式组织啤酒或包装汤品的区域。显然，他们会将自己的品牌放在聚光灯下。除了减少消费者潜在的身体努力之外，这些公司还努力减少他们的心理努力。他们通过使用各种令人放心的标签和提供各种保证来确保他们的品牌广为人知，从而消除潜在的疑虑。

在商业领域之外，直到最近，世界还看起来非常不同。在许多组织和机构中，为他们的受众提供便利性是员工最后考虑的事情。其中一个原因是对苍蝇的盲点。组织通常没有意识到一些小事情可能会产生多大的影响。比如市民按时支付罚款需要付出的微小额外努力。结果，当账单迟付时，付款人会陷入更深的债务，他将会收到额外的烦人表格。最终，这可能会产生灾难性的后果——有些政府负责人甚至因更小的丑闻而辞职。幸运的是，过去几年这种情况发生了重要转变。在过去的十年里，市政机构和政府机构对“助推”（nudging）进行了更多讨论。这个术语是由理查德·塞勒提出的，他写了关于这个主题的畅销书。[1] 助推的定义是：通过将事物变得容易、明显甚至有趣，引导人们朝着期望的行为方向前进。例如，在公司餐厅前部提供健康食品；在楼梯上放置有趣的贴纸，报告每走一步燃烧多少热量；或者将整个楼梯变成一架欢快的钢琴，在踩上去时会播放音乐。还可以通过在表格中预先填写信息，或在应用程序中提供方便的增值税提醒来实现更便捷的税收交付。又或是巧妙地告知你，你居住区的大多数人已经支付了他们的捐款，从而利用无意识的群体情感。[⊖]

关于助推的伦理和有效性说来话长。我们将在本书的最后回到这个话题。然而，有一件事是无可争议的：某事可以变得更容易，但你的一些行为却会反过来让它更困难。类比于助推，理查德·塞勒将这种行为称为“阻滞”(sludge)——助推应该使期望的行为变得容易、有趣、自然，阻滞则相反。目标群体必须穿过一层浓厚的泥潭（即“阻滞”），才能达到目标。在零售业中也采用了相同的原则。例如，返现是一种众所周知的零售促销方式的行业术语。海报上写着：“减 25 欧元！”小字则写着：“你将被要求支付全额价格，回家后才能申请 25 欧元的返现。”有人可能会说这只需要一点点努力，所以消费者更容易获利。然而，对制造商来说，这

⊖ 此外，我们想避免将仅仅从行为学的角度思考事物就称为“助推”的趋势。助推是通过对环境的微小改变来直接影响行为；它不是一本宣传册，无论其中包含多么巧妙的图片。

却是最有利可图的促销方式之一，因为许多消费者从未要求退款。根据一些营销书籍的说法，这类消费者占比达到惊人的 40%！人们推迟了领取退款的时间，直到为时已晚。这也是礼品券和积分计划有利可图的原因。显然，营销人员会尽力使领取变得复杂。这就是为什么促销条款和条件中充满了微小的苍蝇：你只能在购买两个月后才能要求退款，到那时你会发现你需要原始收据和包装上的条形码。或者——作为营销人员提出这个要求需要勇气——需要递交电视背面的贴纸，到那时电视已经紧紧固定在墙上两个月了。每个苍蝇都会降低到达终点的人数比例，制造商的利润也会增加；他们享受着诱人的折扣促销带来的额外收入，而成本只占一小部分。

营销人员的工作是制造阻滞，但政府却在无意中成为最大的阻滞制造者。"那不是我的部门""只有星期一才可能""你需要不同的表格"和"对不起，女士，规则不是我定的"。在美国，有时人们必须排队数小时才能注册选民。在荷兰，如果你想取消铁路季票，你必须按下"订单收取"(collect order)按钮；而且不是在家里电脑的网站上，而是在车站。荷兰曾有过一个大规模的公共丑闻，许多人被国家税务局无辜指控犯有欺诈罪，幸运的是，现在荷兰正对新的税收补贴计划进行"可行性测试"，它们不仅应该让普通市民易于理解，而且还应该保障负债累累的人、挨饿的孩子或者头脑中充满其他计划的人的理解和使用。

你可能会认为这只苍蝇主要被不重要的事吸引。如果你真的渴望某事，付出一些努力不会阻止你，对吧？的确，不过这仅在一定程度内是正确的。最激励人心的传记通常是关于那些尽管遭遇挫折和反对，但通过巨大的努力实现了他们的目标的人。通常，这个雄心勃勃的目标不是获得电动牙刷的折扣。不过即使在生死决策中，额外努力和挣扎的影响有时也比你想象的要大。例如，在英国，自从扑热息痛包装从家庭装转向小型推出式包装，并规定每位顾客最多购买一定数量后，自杀人数大幅下降。有自杀倾向的个体再也不能在绝望的一刹那将一整瓶药片倒入喉咙中。当然，这不是有自杀念头的人使用的唯一方法，但这种阻滞仍然挽救了许多生命。

所以，通过阻滞来实现善行是可能的。而最棒的是：你也可以在家里制造阻滞！在人们经常用信用卡购买汽车和食物的美国，有时人们会把信用卡真正地冻结在一块冰块中。这至少提供了一小时（等待冰块融化）的思考时间，然后他们才能用该信用卡购物。这块冰块很好地描绘了阻滞的不对称性：正如消费往往比取消消费要容易得多，把你的信用卡放入冷冻层中冻住，可比融化冰块要快得多。这正说明了事情的便捷程度对我们来说确实很重要。

我们有限的大脑

那么，人们真的那么懒吗？你可以这么说，但你也可以说：“这不是个漏洞，这是一种特色功能。”因为避免（头脑）努力是你的大脑的一种聪明而高效的策略。

太高深了

想象一下。情景 1：一位时尚设计师开了一家精品店。他租下了一栋拥有高高的天花板的美丽的老建筑；他决定充分利用它们，将所有服装都非常时尚地挂在五米高的位置。你认为他能卖得好吗？当然不会。如果人们无法亲自接触到商品，他们就不会购买。但现在想象情景 2：一个市政府的传媒官员想说服企业家变得更加可持续，所以他给他们寄了一份精心策划的 78 页演示文稿。里面充满了事实、论点、数字、图表、技术规格、专家采访、最佳举措等精品内容。这肯定能打动他们！这两种情景有什么共同之处？传媒官员犯了与时尚设计师完全相同的错误——两者都忽视了目标受众的身体特征。人们不是五米高的，他们也没有一个可以处理无穷无尽复杂信息的大脑。所以，无论是时尚还是信息，都高出了人们所能及。

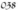

显然，你已经知道你的大脑有其限制。然而，与身高的限制相比，思维能力的限制可能感觉不太明显。这是有道理的，头脑中的过程通常被认为更加抽象，因此可能也更容易被工程化。“如果你真的愿意，一切皆有可能！”不幸的是，你使用的不仅仅是一部分，而是 100% 的大脑。而且，你的头骨中真的只有一公斤多的灰质。这个器官就像你的手臂和腿一样，有身体的限制。你的大脑占据了你体重的 2%，却消耗了 20% 的氧气和热量（后者大致相当于一天吃一个油腻的汉堡包[㊀]）。你的大脑必须充分利用这些能量，通过高效地做出许多决策，从而使你健康而安全地生活。经常提到的数量是每天 35 000 次决策（我们真的很想知道是谁数的）。整理眼镜、打几个字、喝一口水……几乎每秒都会发生动作，你的大脑需要对这些动作做出决策。为了做出这些决策，它需要处理信息。特别是涉及计算、需要考虑的事实或需要思考的观点时，你的大脑的前额叶在这里起到了主导作用。这使事情变得更加复杂，因为这部分的容量相对有限。从进化的角度来看，这部分比大脑中的其他结构要年轻一些（它的诞生大约晚了一亿年左右），这也意味着这部分的发展不太高效。你的大脑的这个部分占据了相对较多的空间，工作速度也远

㊀ 所以，这本书的另一个书名可能会是“思考致瘦”，这样我们也许能提高销量。

不如让你打喷嚏或吃惊等的其他部分快。[1]

诺贝尔奖获得者丹尼尔·卡尼曼（Daniel Kahneman）曾这样说："思考对于人类来说就像游泳对于猫来说一样：他们有能力做到，但宁愿不做。"卡尼曼引入了一个便于理解的隐喻，来描述我们的大脑是如何做决策的。想象一下，如果你的大脑有两个系统：一个是脑海中理性的、深思熟虑的小声音，另一个是闪电般快速的自动系统。在这种情况下，你的很大一部分选择都将由自动驾驶系统来做出。有时，这几乎是字面意义上的，比如当你骑自行车去某处时，到达后你简直记不得自己走了哪条路。而在你脑海中的那个小声音——即慢系统——正在大惊小怪，而自动系统确保你踩踏、转向、刹车、转弯，偶尔（但愿如此）示意方向并回头看看。很多人声称，快速的自动系统占据了人们95%～99%的决策。卡尼曼没有提到具体的百分比，但他指出我们倾向于自动地做许多事情。由于事情发生得如此之快，我们在有意识之前常常已经在做某事。而我们有意识的思考，正是慢系统，这个迟来的"发言人"在寻找一个合理的解释。

以上的前提是有意识的思考真的存在，因为苍蝇经常会使你按照自动系统行动。想想那个洗手间里的苍蝇。或者再举一个例子：2021年1月，激动的特朗普支持者冲进了国会大厦。

[1] 又或者在疫情期间，被别人打喷嚏吓到。

他们破窗而入，袭击保安，并摧毁了一切。然而，有一张照片确实引人注目。在他们进入内部之后，暴动者们乖乖地按着用俗气的金色柱子和天鹅绒绳标示的路线前进。全自动：革命显然就在那边。总部位于阿姆斯特丹的自行车制造商 VanMoof 巧妙地利用了这种自动行为。他们的自行车运送到世界各地，经常会受损。送货司机很容易会认为自行车能承受一些冲击。贴有"易碎！"的标签并没有太大帮助，而且（昂贵的）自行车退货的成本高得离谱。因此，VanMoof 在他们（扁平的）包装盒上印上了一台智能电视的图像。你猜怎么着？损坏率在一夜之间减少了 70% ～ 80%，因为"小心处理"突然变得合乎逻辑了。这也是超市营销所针对的同样的"自动系统"：当他们用明亮的黄色聚光灯照亮香蕉、将本来可以放在外面的果汁保存在冰箱里，或者用香味机器让整个商店散发出新鲜面包的香味时，产品会直接进入你的购物篮，全自动操作。

从唐纳德·特朗普身上你可以（但也许不愿意）学到的东西

也许你现在在想，这是否同样适用于受过高等教育的人、蓝色性格[㊀]、射手座或者——我们有时确实会收到这个

㊀ 善于深度思考和分析。——译者注

问题——女性。简而言之：也许你或你的群体恰恰是那个在决策时更加深思熟虑的例外？实际上并不是这样。在这方面，一个健康的大脑和另一个几乎没有什么区别。任何试图根据精心权衡的事实来做出每一个决策的人，首先需要一个更大的大脑。因此需要一个巨大的头部。由于这将使正常的怀孕变得不可能（我们已经因为头骨大而早早地、无助地出生），我们正在等待埃隆·马斯克（Elon Musk）的大脑 AI 插件。在那之前，你的大脑不可能在每个决策中权衡所有可用的信息。[⊖]搜索“最好的吸尘器”，你将获得 4 320 000 个结果。AI 创始人赫伯特·西蒙（Herbert Simon）在 20 世纪 70 年代就已经说过：“信息的丰富导致了注意力的稀缺。”[2] 换句话说，那些试图用大量详细的信息说服别人的人往往事与愿违。这正是为什么简单性具有如此强大的苍蝇效应。毫不奇怪，关于网页设计的经典书籍之一就叫作 *Don't Make Me Think*（《点石成金》，直译为“别让我思考”）。你的大脑更喜欢易于处理的事物，也就是所谓的认知流畅性。乍一看就清楚的东西会引起愉悦的感觉。如果事情不需要费力去理解，就会显得不仅清晰，而且积极。你繁忙的前额叶不需要任何努力！这是一只危险的苍蝇。显然，事物容易理解

⊖ 这就是为什么巴拉克·奥巴马（Barack Obama）总是穿同一套西装——这样可以避免他做出另一个决策。

这一事实和其内容毫不相关。而且你不会有意识地思考这一事实也自动使你更不会批判性地思考。这就是为什么美国的舆论操纵专家鼓励他们的候选人在讲话时使用简单的语言。

然而，有时候，一些深入、细致的观点会在不经意间被表达出来。以下是希拉里·克林顿（Hillary Clinton）在 2016 年对移民问题的发言：

“我认为，当我们有数百万辛勤工作的移民为我们的经济做出贡献时，试图将他们赶出去将是自毁和不人道的。全面的移民改革将促进我们的经济增长，保持家庭团结，这是正确的事情。”

这绝对是一个经过深思熟虑的观点。但你必须召唤前额叶片刻的时间。[1]她的对手采取了不同的方法：

“建一堵墙。”

这不能再简单了。如果克林顿简单地说“保持家庭团结”，那么历史的结局很可能会有所不同。但对她来说，这是不是可行的选择呢？这是一个恶魔般的困境；那些想要动员

---

[1] 如果你快速浏览或者跳过了以上描述，说明你的大脑在能量管理方面表现出色！

人民的人通常不得不“牺牲”一些细致观点。“饿了就叮咚比萨”（Man hungry ding-dong pizza）是对比萨外卖服务所做的最简化的概括。蒂姆仍然嫉妒那个口号。但总部的人必须为“新鲜制备”“酥皮底”和“各种素食选择”只能保持沉默而流下一些苦涩的眼泪。无论是快餐还是更好的环境、明智的经济政策或重要的科学医学研究，这一道理都无不非常适用。参与这些话题的人往往会强烈反对（过度）简化他们的信息。结果，这个信息因为细节过多而不被久远传颂[3]，而那些对事实不太关心的反对派占到了绝对上风。㊀

想想电视购物频道声称：“（此产品）为太空旅行开发，所以它也能解决你的问题！”奇怪的是，不谨慎的观众常常会上当。这个苍蝇效应叫作**因为验证（Because validation）**。对于繁忙的大脑，任何论据都足够了。为什么呢？就是因为“我能先去复印机那边吗？你知道的，我需要复印些东西”是一个相当多余的补充，而且绝对不是一个说明你可以早退的强有力理由。然而，这样一个毫无意义的论据却像苍蝇一样有用，因为这个问题比不附带理由㊁的“我可以先走吗？”要

㊀ 这就是科学文章标题如此难以理解的原因。但即使是科学家也有懒惰的大脑：标题较短的文章被引用的次数更多。

㊁ 没有理由的情况下，只有 60% 的人被允许早退；而有了这个毫无意义的理由，被允许早退的人数达到了 91%。有了一个更好的理由（“我赶时间”），这个比例几乎没有增加：92%。

好得多[4]。狡猾而有效？的确是！要记得美丽的夏季即将来临了，所以请多买一本《苍蝇效应》吧！

垃圾桶指数和其他简化事情的方法

诚然，许多事情并不简单。幸运的是，大多数事情都可以变得更简单。

现在，让我们来随伊娃和格尔德看看天气预报

伊娃的第一篇研究论文是关于人们从如天气预报这样简单的东西中实际理解到了什么。你认为“明天有 23% 的降水概率”这个陈述真正意味着什么？

A. 在 23% 的时间里，明天至少会下一滴雨

B. 在 23% 的地区里，明天至少会下一滴雨

C. 在 23% 的像明天这样的日子里，至少会下一滴雨

在与风险认知研究领域的权威格尔德·吉仁泽（Gerd Gigerenzer）和一组研究人员合作的情况下，她研究了不同国家的人们对“23%”如何理解。在米兰，人们认为 23% 的地区会下雨（也许是因为它位于山区，地区差异较大）。纽约做得更好，大多数人正确地选择了 C。荷兰人怎么想的呢？大多数人认为会有 23% 的

时间下雨。有受访者对伊娃解释说："显然不是时间的问题，而是雨水的量。"[5]

美国的天气报告非常巧妙地使用了"垃圾桶指数"。天气预报员会展示明天的风力，你的垃圾桶要么会被刮到花园的中间，要么会飞到邻居家，要么会完全消失不见。这比"来自东南部的七级风"更容易理解。数字并不能回答你在看"天气"的时候实际想知道的内容。同样的情况也适用于体重秤。只有麻醉医生或热气球飞行员才真正想知道你有多少公斤。但对于大多数人来说，当他们站在那个东西上时，最重要的问题是他们的节食是否奏效，或者他们那个繁忙的周末对瘦身计划造成了多大的伤害。71.8 公斤并不是这个问题的答案，所以很难对其采取明智的行动。而且，效果通常是适得其反的，因为许多人会因为小幅度的波动而感到沮丧或过于自信。这就是为什么美国科学家设计了一个没有数字的体重秤，它会显示你在过去两周内的体重趋势。事情可以如此简单。即使你不能使事情变得更简单，你也可以使它们看起来不那么复杂。大脑是一个预测机器，它的反应不是根据某事实际需要的努力程度，而是根据它估计的努力程度。这就是为什么广告总是试图告诉你加入、参与或组装你的厨房是多么令人难以置信地简单。这些声明后面通常跟着一个明确的项目列表。因为将一个复杂的任务分解成较小的步骤使其看起来容易得多。这个“分块”的过程正是一本好的指导手册，或是动员公司员工的分步计划的力量所在。

简单的复杂性

这只苍蝇的一个奇怪而迷人的伪装是**复杂性偏差**（**complexity bias**）。有时，对我们的大脑来说，最简单的解决方案是假设某些事情非常复杂。我们都喜欢相信，对于流氓或恐怖分子令人畏惧的随机暴力[1]，存在着一个智慧的、社会学的解释。你可能有一个脸书上的朋友，她认为背后有一个复杂的阴谋，涵盖了所有让她担心的问题。这种特定的心态可能会让我们头痛的次数比接受“生活是混乱的、坏事就是会发生”的次数要少。组织顾问和精神教练从这只苍蝇中受益。毕竟，没有人想听到他们已经挣扎多年的问题实际上是相当琐碎的。这并不是说我们要动用大脑的容量来真正理解这样一个复杂的解释。我们只是“感觉”我们理解了。这被称为**解释深度错觉**（**illusion of explanatory depth**）：因为你每天都在使用它们，所以你可能认为你对你的笔记本电脑、汽车或自行车的工作原理有相当好的掌握。但你真的能够画出刹车的示意图吗？

[1] 即在发起暴力的过程中随机挑选受害者。——译者注

喜欢选择，但不喜欢选择的过程

东京充斥着异国情调的苍蝇。秋叶原的无数发光广告，新宿车站的成千上万的指示牌，它们似乎都想把你引向不同的方向。然而，在这座城市里，最迷人的苍蝇之一反映出了日本的另一面：极简主义。在时尚的银座，你会找到盛冈书店。它真的是一家书店——盛冈三行（Yoshiyuki Morioka）每周只销售一本精心挑选的书。这家现在举世闻名的小店非常成功。这完全合理。因为虽然人们喜欢有多种选择，但他们讨厌不得不做出选择。毕竟，这会占用有限的大脑容量的一部分，而且你可能会后悔。因此，如果你给人们太多选择，他们宁愿什么都不选。或者，你帮助他们做出选择，然后收获其中的好处。

斯坦福大学和哥伦比亚大学的一项经典实验[6]说明了广泛选择与有限选择的苍蝇效应。在一家大型商店里，研究人员设置了一个果酱展示柜，并记录了他们售卖了多少罐果酱。有时他们提供了 24 种口味的选择，而其他时候他们只提供 6 种。在后一种情况下，销售额增加了（有 12% 的路人购买了产品，而在有更多选择的情况下，只有 2%）。为什么呢？最有可能的原因是，当有 24 个选择时，人们由于选择焦虑往往会更早放弃。这是一个我们都熟悉的经常被描述的现象。那种在巨大百货商店中不安的感觉实际上有一个名字：FOBO

(Fear Of Better Option)，即更佳选择恐惧症[一]。如果我在其他地方找到了更好的东西怎么办？

关于 FOBO 的最好的例子可以在洛杉矶的一家叫 Amoeba Music 的商店找到。来自世界各地的唱片收藏者被这家店吸引，蜂拥而至，却在事后承认这实际上让他们感到不快乐。蒂姆自己也有这种经历：通过深呼吸和一份设计巧妙的购物清单，无疑即使是这种选择过载（choice overload）也是可以管理的。然而，拥有如此多的选择并不令人愉快。毫无疑问，盛冈书店的顾客更快乐，因为它的选择范围很小。但为什么呢？其中一个理论是你的大脑喜欢避免后悔。在这家东京的书店，你期待感到后悔的机会是渺茫的。你不会购买太多，不会错过任何东西，不会想象回家后会想："该死，我应该再问问他们是否也有那本书"。Amoeba Music 则是后悔的雷区。你可以相信，当你回家时，你会突然想起你本来应该找的东西。而你认为太贵的那张唱片在你自己的国家可能会更贵。你的潜意识告诉你，这花费了太多精力，并催促你离开这里。顺便说一句，更多的选择并不总是会引起压力。一项对果酱实验的许多变式的元分析[二]证明，与选择相关的压力主要发生

[一] 这个概念由帕特里克·麦吉尼斯（Patrick McGinnis）提出，他还提出了 FOMO（Fear Of Missing Out，错失恐惧症），我们将在本书后面再谈到。

[二] 对多个研究数据的汇总和分析，以获得更准确的综合结论。——译者注

在人们还没有偏好，还不熟悉选项，选项非常相似且难以比较的情况下[7]。

假设你必须做出选择

与此同时，荷兰也涌现出越来越多有意识地限制产品范围的商店。在阿姆斯特丹的沙皇彼得大街（Czaar Peterstraat），你可以找到一家花生酱店、一家橄榄油店、一家威士忌店、一家奶酪店和一家咖啡豆店。[⊖]而且越来越多的新时尚品牌只销售一种东西：长款T恤、实用的旅行裤或舒适的高跟鞋。然而，拥有广泛选择的大型商店吸引了更多的顾客。最成功的商店巧妙地处理了选择与做出选择的困境。他们承诺给你广泛的选择来吸引你光顾店铺。为了向你出售产品，他们使用各种各样的方法来促使你做出选择。首先，通过将商店划分区域、通道、货架，并在其中提供直观的层次结构（常规价位在中间，高价位在其上方，低价位靠近地面）。但也可以通过提供建议、本周菜单、每月啤酒、每日特惠等方式来帮助你快速做出选择。所有这些都是避免选择焦虑的聪明捷径。

在你自己的生活中，你可以通过在呈现选择方式上做出

⊖ 该街道被评选为荷兰最佳购物街，但你也可以将其视为一座效率最低的超市。

小的改变来应用这一原理，这个过程被称为**选择架构（choice architecture）**。例如，你可以让人们在两个选择之间决策。如果你问你的朋友们“我们去哪里吃”，你可以肯定，几个小时后你们仍然饥肠辘辘地在街上游荡。如果你问“汉堡还是寿司”，决策则可以迅速做出。在修辞学中，这被称为假二选一的谬误。行为科学家对此有一个更温和的称呼：选择缩减。这是民粹主义者经常使用的一种技巧。特朗普为选民提供了一个“选择”，大致可以概括为：你想要特朗普，还是你想让你的房子被激进的群众烧毁？好吧，如果这是你唯一的选择……这就像游戏“这个还是那个”。一家美国时尚连锁店在他们的试衣间中应用了这一原理。两个挂钩上分别标着：“绝对可以！”和“可能吧”。试穿某件东西后，你必须把它挂在其中一个上面。一旦你把东西挂在“绝对可以！”上，你最终购买这件物品的机会非常高。[1]另一个例子：一家亚洲连锁零售商在入口处提供两种颜色的篮子选择。蓝色表示：“我想要帮助。”红色表示：“让我静静地四处看看。”购物者选择适合自己的篮子——忘记了第三个选择：根本不拿篮子。这正是故意的，因为手里拿着篮子会让你倾向于购买更多东西。[2]

[1] 聪明的商家没有添加一个“不行！”的挂钩。

[2] 顺便说一下，没有证据表明疫情期间购物要拿篮子的义务是由这个不正当理由驱动的。这是种解脱，对吧？

废弃选项作为秘密武器

如果你只给人们提供两个选择，他们做出了你不希望看到的选择怎么办？《经济学人》杂志曾经遇到过这样的情况。他们的营销部门本意是让人们选择昂贵的订阅方案：既订阅纸质版又订阅在线版。然而，三分之二的人选择了便宜的版本：仅订阅在线版。作为一项实验，营销人员添加了糟糕的第三个选项，仅作为**诱饵效应 / 废弃选项（decoy effect/the dud option）**使用。实际上，添加的选项是昂贵方案的“丑陋兄弟”：只有纸质版，价格却与纸质版和在线版的组合相同。当然，没有人会愚蠢到选择那个选项。然而，突然间大多数人选择了昂贵的纸质版和在线版组合！他们聪明地使用了一只不受欢迎的小苍蝇：你会自动关注三个选项中的另外两个。你开始再次比较它们：“我是不是疯了，那个选项真的毫无道理吗？到底有谁会选择那个？肯定其他选项更好吧？”然后在你没有考虑更便宜的选项的情况下，你已经点击了最昂贵的选项。

现在，回到你的那群朋友。假设你想要聪明一点儿，你问出了“汉堡还是寿司”，因为你真的很想吃辣味金枪鱼卷。但如果这群人更倾向于吃汉堡呢？你可以聪明地提议：“要不要吃汉堡，或者现成的寿司外带，或者那家正宗的寿司店，价格一样，但他们会在你面前新鲜制作？”又或者，你可以让人们回答一个完全不同的问题。这被称为选择替代（choice substitution）。在英国，有人设计了一个巧妙的烟灰缸，上面写着：“世界上最好的足球运动员是谁？”人们通过把烟蒂扔进“罗纳尔多”或“梅西”的隔间来投票。底层的问题当然是：你会把烟蒂扔在地上，还是放在烟灰缸里？实际上并没有问这个问题，但更多的人选择了理想的选项。

无须做任何事：默认选项的力量

想想你时常在网页、软件上读到的常规隐私和使用条款。

你对这些条款有什么想法？

你很有可能和其他人一样，根本没有阅读它们，而是盲目同意了。（否则你就不会读下去了，对吧？）在网站上，同样的事情也会发生。但是为什么呢？因为它被呈现为默认选项，作为如果你不采取任何行动就会自动发生的事情。并且通过使用“正式”和“常规”这两个词，我们更加强调了这一点。你是有选择的，但实际上继续阅读并不感觉像是做出了有意识的选择。你只是按照惯例继续下去。而且你的大脑也享受其中。因为有一件事比做出容易的选择更让你的大脑喜欢：根本不选择。没有选择意味着没有压力，没有后悔，如果出了问题也不是你的错。此外，实际上，我们常常不太知道自己想要什么。每个选择都有利弊，权衡它们并不那么简单。这就是为什么在广告中将某物描绘为两全其美的最佳选择是一种经过验证的方法：例如“对干咳和湿咳都奏效”，又比如你再也不必在“长睫毛或浓密睫毛”之间做出选择！

更强大的避免人们痛苦地做出选择的方式是将一个选项指定为自动默认选项。默认选项是如果你不做出选择会发生的事情。你会在公司的电子邮件中找到这样的情况，公司会说：如果你同意，你无须采取任何行动。以及在自动续订的订阅中。这种默认选项散发出强大的苍蝇效应——**默认效应（default effect）**。有时，这是由于社会因素：人们会觉得某种选择已经成为默认选择，因为很多人选择它。它可能不会成为灾难性的选择。但其中还有更多内容。首先，让我们讨论最著名的例子：器官捐赠。在欧洲，这是人们自由讨论但并不总是采取行动的问题。多年来，蒂姆一直致力于旨在让荷兰人填写器官捐赠卡的宣传活动。有时他们会呼吁自主决定是否捐赠（“我的身体，我的选择”）。这些宣传活动相对成功。也就是说，在器官捐赠登记率方面，荷兰（27.5%）比德国（12%）和丹麦（4.25%）等国家的比例更高。这是一个伟大的成就，直到它们与比利时（98%）或奥地利（99.98%）

等国家的统计数据进行比较。不同之处在于：这些国家使用了选择退出（opt-out）制度。荷兰人、德国人和丹麦人必须表示是否愿意成为捐赠者，㊀而奥地利人和比利时人必须表示是否不愿意[8]。

因此，荷兰现在也已经采用了默认捐赠制度。没有宣传活动可以与这项制度的效果竞争——这就是默认选项（尤其在激进选择方面）的重要性。这主要是因为在许多情况下，你都很难避免要将一个选项指定为默认的。㊁你会选择哪一个呢？谨慎考虑有时可以带来良好的结果。

例如，美国雇员在加入公司时并不会自动加入公司的养老金计划。仅仅将其提供为默认选项，研究人员就发现参与度显著增加。如果伊娃或蒂姆在演讲中讨论这个问题，观众中的一些人有时会声称："我很容易看穿这种默认选项，然后我就有冲动做完全相反的事情。"确实，有些默认选项非常粗糙。特朗普再次占领了这件事的话语权，他设置了一个巧妙隐藏的预先选中的框，这使他的资助者每周支付的金额是他们认为的两倍。这些行为是适得其反的。研究表明，让默认

㊀ 当然，你也可以随机让 50% 的人捐赠器官，另 50% 不捐赠，让每个人都有切换的机会。但考虑到默认选项显著的苍蝇效应，实际上人们的最终选择可能是随机的。

㊁ 值得注意的是，如果你查看实际捐赠的器官的百分比，有无默认选项的差异会大大缩小。在那些默认捐赠的国家，最终往往会提供更多的不捐赠选项，例如亲属选择不捐赠。

选项透明实际上可以使其更加有效。如果默认选项有利于人们，而你明确解释了这一点，人们往往会同意它[9]。

尴尬的小点

有一项研究特别触及人们的痛点。伊娃最近参加了一个派对，庆祝一位朋友还清了学生贷款。这是一个盛大的庆祝活动，因为还清贷款花了一些时间：她已经 40 岁了。贷款申请表上的一个小点成了罪魁祸首。20 年前，这位朋友（以及伊娃自己）要填写的贷款申请表上提出了以下问题：

你想借多少钱？

[*] 最大可贷款金额

[ ] 其他，请填写具体金额：____

那么，你会怎么做呢？确实，68% 的准学生贷款了最大金额。在这位朋友和伊娃都被这只苍蝇欺骗后，政府贷款机构的一位网站管理员删除了这个星号。你猜这个微小的改进带来了微小的差异？恰恰相反：在删除这个标准的星号之后，借取最大金额的学生比例下降到令人惊讶的 11%。[10]

除了公司和机构提供的默认选项之外，你的大脑也会提出自己的默认选项。从脑海中蹦出一个最重要的科学家的名字。那么，你想到的是阿尔伯特·爱因斯坦（Albert Einstein）吗？许多人都是这么想的。问题是为什么。可能你受过物理学的教育，认为尽管费曼（Feynman）、奥本海默（Oppenheimer）和居里（Curie）都有很大的贡献，但爱因斯坦是最伟大的。然而，更有可能的情况是，你可能没有那么狂热，实际上你更钦佩卡尼曼，但只是首先想到了爱因斯坦。这就是心理易得性（mental availability）的苍蝇。某些事情自然而然地出现在你的脑海中，因此你在无意识中认为它重要、有代表性或频繁发生。通常情况下，这样做效果不错，但在许多情况下，心理易得性仅仅是由你接触某事的频率和临近性所触发的。比如媒体上的报道。这就是为什么我们经常高估飞机失事的可能性或新技术的影响。与大量发生的交通事故和完全正常运行的现有解决方案相反，这些事情经常出现在新闻中；这被称为**易得性偏差（availability bias）**。心理易得性是广告界所特别追求的。你可能会对无聊的幽默感或夸张的承诺感到惊讶，并且可能会想：我不会上当的。但问题不在于你是否相信了广告信息的内容。问题是下次你需要剃须刀片、咖啡或洗发水时，哪个品牌会“自动”跃入脑海。事实证明，具有较高心理易得性的品牌更常被选择，因此增长更快。而且这种易得性似乎与内容上的差异几乎没有关系。

更健康的成分，更好的质量，当然，这都很好。但心理易得性主要取决于你的品牌有多频繁地被看到。以及当它出现时，是否有一些独特之处使它脱颖而出。紫色的奶牛，一些会说话的巧克力角色，像“叮咚比萨”这样的短语…… 这些都有助于品牌更快地出现在你的脑海中，因此你的大脑不必做出困难的选择。它将简单地选择其默认选项。引用市场研究中一句经典的话：“广告对我不起作用，我只购买知名品牌。”

习惯的力量

正如我们已经看到的，大脑不喜欢做出选择。因此，一旦你的大脑最终做出了选择，它就不喜欢质疑它。因此，选择往往变成了一种习惯。因为正如我们所看到的，人们喜欢选择便利。没有什么比做一直在做的事情更容易的了。如果你坚持现有的习惯，你的大脑将按照例行程序运行，根本不必做出任何决定。睡一次回笼觉，吃早餐，刷牙，淋浴，穿衣服，收拾包，骑自行车……这一切都是自动进行的，因此你的大脑可以专注于对新闻感到生气或同时听一段有趣的行为科学播客。这种常规行为的最极端的形式是梦游，有时人们在不醒来的情况下完成一个完整的晨间仪式。你可能会说这是进化的巧妙发明。然而，习惯的名声却不太好，它们是喜剧演员的绝佳话题（他们每天晚上都讲着关于别人单调生活的相同笑话），也非常适合在领英上用“走出舒适区！”这样的警句来获得点赞。[㊀]但是当蒂姆提出了一个以“摆脱常规”为标题的宣传活动时，他很快就发现消费者并不太愿意这样做。我们倾向于将对外界而言看起来像常规的事物作为一种令人舒适的规律。被广泛接受的营销定律是，大多数家庭有大约九道不同的固定菜品；改变这一点可能会是一个相当大的挑战。

当针对新冠疫情的措施限制了我们的活动时，人们对自己习惯的喜爱就变得非常明显了。在社交媒体上，你可以找到一些帖子，例如：“我总是和邻居一起庆祝我的生日，现在不可能了！”但旅行业出现了一些非常荒谬的现象。大批人预订了哪里都不能去的飞机票。由于封锁，他们不被允许在其他国家过海关，但他们仍然可以前往那里。所以他们依然成行，然后在抵达后不离开机场或车站而立即返回。这样，他们仍然可以体验到旅行的感觉，就像他们每年都做的那样。航空公司为这些“风景航班”提供了特别优惠。飞越澳大利亚的澳洲航空公司航班在十分钟内售罄。更令人惊讶的是，新加坡航空公司还提供在飞机上用餐的机会——不过是在跑道上。是的，你没有读错。有用餐的拥挤不便，而没有实际

㊀ 通常发布人实际上是想说他的同事、老板和客户需要进入他的舒适区。

的旅程。的确，人们对此的需求量很大。人们接下来就会想："要不至少体验下商务舱的奢华吧？"有些人愿意为这种体验支付数百欧元。但大多数人只是在那些不太稳固的经济舱折叠桌上吃东西。这是对"旅程比目的地重要"的全新诠释。航空公司非常巧妙地利用了习惯之蝇。

但航空公司并不是唯一这么做的机构。各家公司以许多不同的方式利用我们的习惯。最聪明的公司最初通过不必要地打破我们的习惯来实现这一点。有一次，蒂姆发现他为之工作的品牌的店内销售额大幅增长。他已经想象到自己的壁炉上挂着闪闪发光的宣传奖项，但营业额增长的开始并不仅与他杰出的宣传活动同时发生。竞争对手已经大幅改变了他们的包装，因此消费者不再能够依照自动系统完成购物，从而大量转向了蒂姆工作的品牌。糟糕。

同样的情况也发生在橙汁品牌纯果乐（Tropicana）身上，他们在 2009 年花费了 3 500 万美元推出新的包装，但销售额下降了 20%。这也让你重新思考品牌忠诚度和（让我们加入一些流行的营销术语）品牌钟爱（brand love）之类的广告概念。人们真的对"他们"的冷冻香肠品牌如此着迷吗？还是他们更忠诚于自己的选择和习惯？后者更加可信。因为我们更喜欢在自己的选择中保持一致。这完全合理，因为这可以为我们节省大量的能量。此外，从进化的角度来看，被视为善变或伪善是没有益处的。毕竟，当试图在一个群体中一起生存时，拥有这些特征就像在脑袋上开个洞一样，是人们避之不及的。我们仍然喜欢“抓包”改变主意的政治家们，好像有新的见解是一种暴行。在旨在改变行为的宣传活动中，通常会使用类似的一致性呼吁：“你不会在商店偷窃，那么为什么要非法下载电影？”如果期望的行为已经是一种习惯行为，那么公司最好保持现状。突然的变化，比如改变品牌名称或给顾客发电子邮件要求他们保持忠诚，有可能适得其反。

那么，如果人们还没有形成你希望他们出于习惯而做的事情呢？在这种情况下，有一整群苍蝇可供你使用，随时准备围绕在这些客户的头上飞来飞去。一个相对无害的例子是你当地咖啡店的集星卡。当你达到“集满十二颗星免费得一杯”的时候，你将养成一种昂贵的习惯。这也是为什么咖啡师有时候会在你的卡上盖两颗星，尤其是在刚开始集星的时候。⊖

这被称为**人为推进效应（endowed progress effect）**：在完成打卡的中途，你感觉已经赚了很多，停下来就会浪费。毕竟，你的大脑更喜欢不让你浪费能量、金钱和努力。相同的效应也在应用程序中以连续性的形式使用。你已经成功地每天发布视频六天了，你真的不想打破这个连续势头，所以

⊖ 抱歉地告诉你，这的确不是他或她在对你调情。

确保今天也发布一个。你不想错过我们的任何一个花哨的成就或徽章！类似的连续势头也用于在线购物：你正处于购买流程的第五步，现在放弃会浪费。庆祝婚礼和工作周年纪念日的传统也可能有这样的因素，帮助人们把已经开始的事情继续做下去。当公司将他们的顾客分成不同的级别时，情况就会变得更加恶劣。“由于你每个月都订购这么多，你现在是黄金会员，享有相关特权。务必本月再额外订购一些，否则你将再次失去会员身份！”是的，直到最近，这种方法也被用于像酒这样具有争议性的领域。

这只苍蝇的最令人上瘾的形式可以在你的手机上找到。你真的认为只有你每天平均要查看一百次手机吗？在你似乎无法关闭的每个应用程序后面，都有专门开发的致命苍蝇在嗡嗡作响，不仅在你的头脑中诱发习惯，而且直接导致成瘾。在这个过程中，一切都不是偶然的。这要归功于习惯大师尼尔·埃亚尔（Nir Eyal）[11]，他的“钩子”模型（Hook model）向应用程序开发者们展示了如何让用户对一个应用程序上瘾。

“钩子”模型的四个步骤如下：

步骤一：为用户提供触发器，例如通知声音或应用程序图标旁的红色“1”。大脑认为这是一个未完成的任务，并渴望完成它。这是一种被称为**蔡格尼克效应（Zeigarnik effect）**的众所周知的苍蝇效应。

步骤二：这之后是用户行为——例如打开应用程序或检查消息。

步骤三：接下来最重要的事情是，采用**可变化的奖励（variable reward）**导致用户对应用程序的使用上瘾。通知弹出了！你的心仪对象是否给你发送了消息？不，这次它只是说："也许你认识这些人。"极度令人恼火，但你恰恰因为这些时刻上瘾。人们可能会花费数小时不断地投入硬币到抓娃娃机里，但他们不会在咖啡机上做同样的事情。这是因为奖励是变量且不可预测的。而且因为最大的奖品似乎如此接近。刮刮卡上的图像：通常奖品离你只差一个樱桃或圣诞屋图案。而这种期待正是最大快感（多巴胺）所在，使你想一遍又一遍地体验它。

步骤四：埃亚尔的恶毒鱼钩的最后一步——投资（或沉没成本）。你在应用程序中投入了时间和精力。你完善了个人资料，点赞了朋友的照片，加入了一个群组，发布了一张照片……这种投资增加了你回到程序查看的机会。一段时间后，你不会想要删除这一应用程序，因为这将意味着失去你的点赞、照片、朋友以及你所投入的所有努力。作为一个应用程序迷，你可能不会在桥底下睡觉，但你睡觉时一定会将手机放在手边。

不过也有一些好消息：了解所有这些，能让你训练你的苍蝇，并动员它最终养成你一直梦寐以求的所有好习惯。阅读更多的书，多锻炼，早起；这些有益的打算通常会失败。这个令人沮丧的事实的科学术语是**意图－行为差距（intention-action gap）**，即你打算做什么和你实际做了什么之间的差距。有时这是因为你设置了非常高的标准，因此只有在你非常有动力的情况下才能实现你的目标。想每天至少锻炼两个小时？那就去做吧！然而，动力和优先级往往会波动。如果你的动力不足，你的决心还没有成为一种习惯，那么它很快就会失败，而且失落感会更加强烈。所以现在是时候让硅谷的技巧转而帮助你了。例如，你可以在一个可见的地方跟踪你的“连续势头”，比如在时髦的复古粉笔板上写：连续控糖第 X 天。当你达到目标时，以一个让你愉快的奖品奖励自己（时尚鞋子、精致咖啡，任何让你快乐并且可以向他人展示的东西）。将闹钟设定为触发器，或者让你的新习惯搭乘现有习惯的顺风车。

例如美国习惯专家 B.J. 福格（B.J. Fogg）建议每次上厕所后做一个俯卧撑。澳大利亚的一项宣传活动呼吁人们在夏令时或冬令时调整钟表时更换烟雾警报器的电池，这个主意非常出色。毕竟，你已经站在梯子上调整钟表了，因此很容易形成关联。简而言之，这只苍蝇是一种习惯动物，但它是一种可以学会新把戏的习惯动物，请善加利用吧！

让我们结束得复杂一点儿

我们已经看到，我们的大脑更喜欢选择最轻松的路径。实际上，这是一种物理上的必然。因此，我们下意识地喜欢避免困难的选择——通过不采取行动，坚持习惯，选择感觉最方便的选项。那么，让事情变得尽可能简单总是最好的吗？确保人们不会真正思考，尝试将其变成默认选项或毫不费力的习惯？也许会令你惊讶，但这不是我们想要在本章结束后传达给你的结论。是的，“如果有疑虑，就让事情变得简单”在通常情况下适用。但是，小小的努力实际上可以引发积极的苍蝇效应。例如，喜剧演员讲笑话时，会让你在笑话的关键时刻之前就理解与之相关的双关语。这被称为**生成效应（generation effect）**。你的大脑生成了笑话的关键部分，因此你不会忘记这个笑话。

广告传奇人物乔治·路易斯（George Lois）在想出汤米·希尔费格（Tommy Hilfiger）的第一个广告活动时应用了这一原则。时代广场上的一幅巨大海报写着“四位伟大的美国男装设计师是”，然后是缩写和短横线。他与路人玩了一个游戏，很快他们就明白了“R____ L____”代表了拉尔夫·劳伦（Ralph Lauren），他们也认出了 C（alvin）K（lein）和 P（erry）E（llis）。但是这个“T____ H____”是谁呢？路易斯对信息缺口理论有着敏锐的感觉。

当你的大脑发现知识上的空白并希望填补它时，好奇心就会产生。但要注意，人们对他们一开始一无所知的事情不感到好奇。如果他们认为（无论是正确的还是自我高估）他们已经几乎对一个主题了解得一清二楚，他们也不会好奇。根据这一理论，你需要正好位于好奇心区域之间：意识到自己已经知道得相当多，但还不是全部。这正是“标题党”利用的事实。你听说过这十二只苍蝇吗？第八只会让你惊讶！然而，要小心要求人们做出额外的努力。例如，一项研究表明，稍微难以阅读的字体将提高对于内容的记忆[12]。因此，一组科学家开发了一种需要一定努力才能准确识别的字体，这样文本内容理应更容易记忆。这是个很酷的想法，如果它有效，我们肯定会为这本书使用那种特定的字体。不幸的是，我们找不到证明这种方法有效的证据。可能这一研究的效果主要是由于一种不同的字体脱颖而出并吸引了注意力（参见第6章的冯·雷斯托夫效应）。

事实上，有更多的证据表明额外的努力是一种行动遏制因素。研究人员通过描述一项简单的体育锻炼，并询问人们执行它需要多长时间来发现了这一点。一组人通过清晰的无衬线字体看到了说明书，另一组人则通过华丽但难以阅读的字体看到了说明书。这两组都被问及他们认为做六到十次锻炼需要多长时间。两组的差异显著。看到“容易”字体的组估计需要大约 8 分钟。看到装饰性字母的组估计需要 15 分钟。[13] 如果你现在已经了解到懒惰之蝇的一些信息，你就会知道后一组人锻炼的可能性很小。

本章包含了相当多的苍蝇和概念。除了参与有关助推和阻滞的对话之外，你还能如何利用它们呢？要记住，最重要的事情是：如果你希望人们做某事，不要让它变得比必要的更难，最好让它变得简单、明显或有趣。考虑在提出论据和信息之前可以去除哪些障碍。不要让事情看起来比实际情况更加困难。

用清晰的语言进行沟通。将任务分解，并制订逐步计划。避免选择焦虑：不要向人们提供太多选择，尽可能简化选择。仔细考虑默认选项：关闭那些“如果有人不做出选择会发生……”的通知。

最后请记住：“简单总是更好”这句话可能过于简单了一些。

稍感威胁，
疼痛之蝇就会飞走。

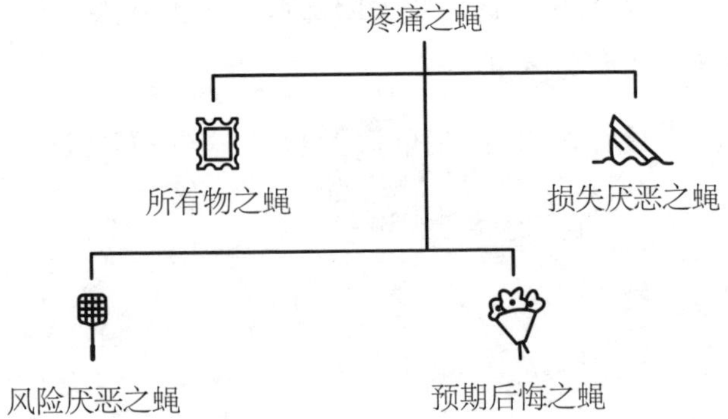

第 3 章

疼痛之蝇

这只胆小的苍蝇一遇危险的迹象就会飞快逃离，经常在没有威胁的情况下也会感到威胁。它喜欢收集各种物品，并为了不失去它们而拼命。它顽固地存在于金融决策周围，但在游乐园和其他安全稳定的地方也很常见。营销人员喜欢向你释放这些苍蝇。疼痛之蝇绝非濒危物种，所以请随意将这本书用作有效的苍蝇拍。

1997年10月，蒂姆从他那时在海牙的家出门，去取一些现金。他刚刚收到了一些好消息：他得到了他的第一份工作——文案写作。他把他的银行卡放进机器，输入密码，选择取款金额，昂首挺胸地走回了家，却发现自己忘记把钞票从提款机里拿走了。他赶紧跑回去，但可惜已经迟了：他之后的取款者已经把他的钱收入囊中。你可能会想，这段故事有什么值得一提的地方？好吧，值得一提的是这个事实：蒂姆记得这件事。毫无疑问，他在那几天也得到了一些诸如礼品卡、专辑（这可是他最爱的礼物）等和他失去的钱一样非常有价值的东西，但他已经完全忘记了这些。然而，在很多年前丢掉的钱，却一直在他的记忆中隐隐作痛。丢失的钱在他心中是如此无可替代。失去一些东西对于我们的伤害，远比得到同样价值的东西带来的喜悦要大。想想当你积满灰尘的自行车被偷走时你有多么愤怒。简直可以说，我们的大脑会尽最大可能去避免诸如此类不快乐的事发生。你可以在任何地方发现**损失厌恶（loss aversion）**的后果，即人们因为回避痛苦的倾向所产生的后果：

在那个无法结束分明没有前景的项目的公司里，在那个因为把柠檬水打翻在家里艺术藏品上而失声痛哭的小孩儿身上（尽管他从来不在意橱窗里其他任何完好的画作），以及我们点点滴滴的日常生活中。因为我们非常想保存我们所拥有的东西，这引发了最奇怪的苍蝇效应。

贯穿在我们生活中

以伊娃的父亲为例，他拥有五个储藏室。餐椅、石头雕的马、颜料罐、一辆雪铁龙和吉他形的收音机全都待在这些储藏室里。这些东西的唯一共同点在于，它们曾经被伊娃的父亲所拥有，从此他再也不想失去这些东西。嘿，它们什么毛病也没有，而且说不定哪一天就会派上用场！他甚至保存着一本近藤麻理惠（Marie Kondo）写的书，是关于如何严谨而智慧地收纳和清理物品的（他显然没有翻开过）。你觉得这样的描述熟悉吗？伊娃一直怀疑她遗传了父亲的囤积癖倾向，但当她在大学课程上学习到所有人都或多或少地有这样的倾向后，她松了口气。

事实上，这在人类身上是一个太常见不过的现象，甚至有一个词语专门概括它。你可能马上想到“囤积癖”，但有一个更不带贬义的术语：**禀赋效应（endowment effect）**。这一效应最先被理查德·塞勒发现，从此便被广大经济学家和心理学家透彻地研究了。[1]在一个实验中，塞勒向他学生中一半的人赠送了他们大学制作的纪念马克杯，向另一半的人赠送了一块巧克力。随后，学生们被允许互相交换礼物。你可以假设这两组学生中，都该有人喜欢巧克力，也有人喜欢马克杯。然而，那些得到了马克杯的人和巧克力的人都不愿意互相交换礼物。随后的研究向我们展示了人们多么敝帚自珍：没有得到马克杯的学生们平均愿意花 2.25 美元购买一个马克杯，而突然得到一个马克杯的学生们认为其价值差不多是该数字的两倍——他们的平均要价是 5.25 美元。

禀赋效应不仅仅发生在学生身上（我们毫不怀疑伊娃的父亲也会把马克杯放在他的储藏室里）。就连大猩猩都会为它们所拥有的东西着迷。在一个研究中，猩猩们可以选择一根冰棍或者一口花生酱。60% 的猩猩都选择了花生酱。但如果在一开始给猩猩们花生酱，然后允许猩猩们将其更换为冰棍，那么更多猩猩会选择花生酱，比例从 60% 上升到了 80%。很显然，这些灵长类动物只是因为已经拥有了花生酱而更喜欢它了。在现实生活的买卖中，这样的苍蝇效应也常常发生。想想二手物品交易网站上的定价：卖家设定的最低卖价常常太高了，这仅仅是因为卖家错误地认为他磨损的运动鞋仍然是十分有价值的。相似地，股票交易者常常把他们的股票保留太长时间，认为股价会再次上涨：毕竟这是他们拥有的股票。所以，在某种意义上，禀赋效应抑制了市场流通。另外，这两个例子中的卖家也有道理：也许保留资产，甚至高估它们的价值（就像你高估你自己一样）是更聪明的，这会让你的谈判策略变得更令人信服。

医生，我花了钱就疼

自然而然地，禀赋效应对金钱也适用。你猜对了，花钱真的会带来疼痛感。一个被广泛讨论的研究显示[2]，你的大脑确实经历了一些可以被形容为“对钱包敏感的疼痛”。说得更精确一些，研究者们监控了人们思考买一些东西时的大脑活动。他们观察到，大脑会把购买时的获得感和疼痛感进行加权。这里的疼痛感可不是什么比喻义，而是代表切切实实的物理疼痛！当研究者们展示了一个有吸引力的商品所附带的昂贵价签时，大脑在加工疼痛感的过程中起到最关键作用的“脑岛”（insula）的活动增加了。不管你是撞到了膝盖还是看到了一个很高的价格，你的反应是非常相似的：啊！

另外一些苍蝇则可以减缓你感受到的疼痛，这对于想要卖给你一些东西的人而言显然是个好消息。最令人感到疼痛的支付方式大概是现金，特别是在食物的芳香已经远去的结账时分；而这正是我们日常在餐厅里所体验到的疼痛。喜剧艺术家杰瑞·宋飞（Jerry Seinfeld）曾经讲过这个主题的段子：他形容人们在餐厅付账单时裤腰带勒着肚子的不愉悦感，边付钱边想着：我们也没那么饿呀，那为什么要买这么多食物？幸运的是，这样的疼痛通常被薄荷糖和服务员温暖的告别减轻。更有效的减轻疼痛的方式是嘉年华上的塑料代币。这些代币（也称“筹码”）并不会让你感觉像是钱，所以花费它们的时候可谓是轻而易举。但即便不是代币而是真钱，你也可以用一些简单的苍蝇来减少消费的疼痛。例如，无接触支付已经比过去的刷卡或支付现金给你带来更少的疼痛。销售们更喜欢说是多少“千”，有多少“K”或者干脆忽略这个“千元”的委婉说法，告诉你这个车是“28”[一]。餐厅菜单上经常会没有货币的标识，甚至逗号、点，或其他任何唤起你对金钱联想的符号。最狡猾的大厨甚至用文字而非阿拉伯数字标价：“自制面包配橄榄油——十五”。你不会感觉到花了钱！

当你负债累累时，你会在购买食物时感到更疼痛吗？人们经常认为一个不开心的人反而更容易追求“带来慰藉的食

[一] 这些销售还会声称这个价格仅仅是为您这样特殊的顾客准备的，这是他们尽力地和（并不存在的）上司商量的结果，这个上司看到这样的价格时可是会哭的！如果我们要详尽地写一写存在于汽车销售、厨具销售界的苍蝇，那就又可以出两本书了。

物”。㊀研究也确实证明，财务上的不尽如人意会驱动人们进食。[3] 为了搞清楚这一问题，研究者们设计了一个巧妙的实验。研究者通过询问参与者的银行卡余额的方式让他们在实验中感受到“对自己的财富不满意”或“对自己的财富满意”。参与者需要用数字代码 1 到 9 来表示自己的财富水平，一些参与者的选项是从“0 ～ 50 美元”（用 1 代表）到“超过 400 美元”（用 9 代表），而另一些参与者的选项则是从“0 ～ 500 美元”（用 1 代表）到“超过 40 万美元”（用 9 代表）。如果你是第二批参与者，你会发现自己的回答很可能是一个较低的数值；这会让你感觉自己并不太有钱，从而对自己的财富不满意（而对于第一批参与者来说，他们很容易选择一个较大的数字，因而会感到自己相对比较有钱）。在这样的操作后，实验参与者可以在两种食物中进行选择，例如，草莓配奶油与草莓配巧克力慕斯。根据一个在线平台的数据，可供选择的两种食物被普遍认为是同样好吃且具备相同营养价值的，而唯一区别就在于它们包含了多少热量。相比对财富满意的实验参与者，不满意的参与者系统性地选择了更高热量的食物。在一个后续的实验中，新的实验参与者需要估算一盘布朗尼蛋糕的热量，与此同时其中一些参与者知道他们接下来会需

㊀ 这个效应在一个真实的实验室实验中被证明了，但这只是一个单独的研究，所以我们建议，在有后续证据前，不要太认真地对待它的结果。

要吃掉这些蛋糕。研究者通过上述的方式让一半的参与者感受到对自己的银行卡余额满意，另一半的参与者感受到对自己的银行卡余额不满。那些对余额满意的参与者总是能相当准确地估计蛋糕的热量，不论他们是否知道自己要吃掉这些蛋糕，而那些对余额不满意的参与者在知道后续步骤的情况下会低估蛋糕的热量。这就直接导致了对自己银行卡余额不满意的参与者比那些对银行卡余额满意的参与者吃掉了更多的蛋糕。从实验结果来看，如果你感到贫穷，你会有更多的不健康行为。请不要因此便认为超重是一个选择；你的金钱与健康之间的关系是复杂的，苍蝇仅仅决定了它们中很小的一部分。不过为了保障健康，最好不要在你的午餐时间去地产中介网站浏览昂贵的别墅。

最小可能性的重大灾难

“你只应拥有最好的。”这句话充满了浓厚的广告味道。你可以扪心自问：这就是我从这个知名品牌购买烤面包机的原因吗？但更重要的是什么？是烤面包机在 15 年后仍能烤出完美的面包，还是你能确信它明天不会导致触电？我们大胆假设你会选择后者。这就是所谓的**确定性效应（certainty effect）**。我们追求的是将灾难发生的可能性降至最低，也即

风险厌恶（risk aversion）。即便是最优秀的足球运动员，也更倾向于规避损失而非追求胜利。众所周知，踢得较高的点球比踢得较低的更难被扑出。然而，所有高薪的顶尖足球运动员在罚点球时都更倾向于踢比较低的球。原因很简单：将球踢向高处时，如果你不小心踢得稍稍高了一点儿，你就会罚丢点球。在比赛中，这与点球被守门员扑出的结果相同，但社会性后果却严重很多：“哦不！他踢丢了！”为了最大限度地规避这种风险，运动员们选择将球踢向低处。[4]

在罚点球时选择踢低球仅仅是打动他人的重要策略的一个体现——不仅要向人们展示你的方案是最佳的，而且要让他们觉得风险是低的，或者不选择你的方案会带来很高的风险。踢点球只是其中的一个例子。有些时候，一点儿安全感就能产生强烈的苍蝇效应。不计其数的公司由于运用了这样的苍蝇效应变得更加富有，建立了强大的、众所周知的品牌。人们愿意为这样的品牌花更多的钱。不是因为他们更喜欢这些知名品牌，而是他们买到垃圾货的概率会更小。换句话说，大品牌有更多可失去的东西，因此会更加注重质量。即使知名品牌最终让你失望，至少没人会认为你的购买决策非常荒谬。一个著名品牌的钻头也可能在某一时刻突然坏掉，但至少你的朋友不会向你大喊：“哪个脑子正常的人会买这个品牌的钻头！”因此，选择知名品牌可以说是避免后悔的不二法门。麦当劳的创始人之一曾经说过:“人们不想要最好的汉堡,他们想要与上次一样的汉堡。”这是很有道理的。尽管没有人会真的在海报上宣传自己的产品“至少不会太差”,但事实上人们就是会选择风险较低的保障。这也是为什么安全、可预测的度假公园总是爆满,那些飞往一定有晴天或一定能堆雪人的度假地的满载航班也是如此。需要承认的是,也有许多飞机载满了想去尝尝西非街头食物,或是偏好在亚马孙雨林中划船的人。显然,并不是所有人都在同一程度上规避风险。

服务员们了解不同的顾客类型:普通人会做安全的选择,每次都点一样的食物,尽管如果愿意冒险尝试,他们可能会发现更喜欢的食物。也有其他一些人喜欢追求更极端的风险,他们会去攀登乔戈里峰,或是对初创公司投资。这种在风险偏好上的人格差异不仅存在于人类,而且深深地植根于我们的大脑深处。例如,即使是鸟类(更准确地说是大山雀和椋鸟[5]),也可以根据是否愿意在一个熟悉的地方寻找食物逗留过长的时间,被分为风险偏好者和风险规避者。你也许会期待自然选择会淘汰那些系统性误判的个体,从而使得个体差异相对微小。然而,这样的人格差异仍然存在。一组美国生物学家和计算机科学家提出了一个解释。他们认为,决策可以分为两种,改变命运的决策和日常小决策。他们编写了一个程序来模拟环境:在这个环境中,他们对模拟的个体分配了不同的风险偏好特性。[6] 所有个体在生命中都要做出一个重要的决策：选择伴侣。一些个体安心于一个仅仅“足够好”的选择——一个普通的伴侣，对他们生存的机会有很小的正面或负面的影响。另一些人则冒着最后只能找到一个十分差劲的伴侣的风险不断去寻找完美的匹配。结果非常明确地指出，那些风险追求者在与风险规避者的进化战争中失败。这提示我们，大脑处理风险的风格可能是被人生中一次重要的决定（例如选择伴侣）所影响。我们在考虑潜在伴侣时仍然谨慎，并将选择伴侣时的风险规避思维带入到并不会产生严重后果的决策中。因此，普通人在斟酌菜单点菜时可能确实有些过于小心了。

但是在椋鸟和人类中，一些鲁莽而大胆的个体也能茁壮生长。这为单身者们提供了一条关于选择伴侣的实用建议：不必寻找那命中注定的唯一伴侣，放轻松；只需要规避一些风险，选择一个足够好的伴侣，这样省下来的精力就可以用在餐厅斟酌菜单的过程中了。

总的来说，从平均偏好来看，人们不喜欢风险。这不仅在实验中得到证实，在日常生活中也同样明显。人们愿意花钱去购买靠谱的吐司机，在选择租车时不愿冒险。他们宁愿留在乏味的工作中，去熟悉的餐厅用餐，这都源于一种极端的风险规避倾向。人们的大脑是为了回避风险，而不是故意寻求风险而进化的。这是一种叫作**自然风险偏差（natural**

risk bias）的苍蝇。人们通常更容易接受自然存在的风险，而不是由他们自己寻求或创造的风险。蒂姆很平静地为玩滑板的女儿买了一个头盔，因为他知道摔倒也是游戏的一部分：这就是自然存在的风险。但当他知道错误地佩戴头盔事实上反而会增大脖子受伤的风险时，他会特别害怕。他现在承担了非自然的、由自己造成的风险！当然，这个效应在医学决策中也扮演了一个重要的角色。一种药、疫苗或医学程序罕见的副作用或并发症的风险可能很小，但这些风险会让人感觉比病人“自然地”承受疾病后果的风险更大。

规避风险，更放松地开车

大多数人不会每两周就开车撞上一棵树，那为什么你会在租车公司花78欧元买保险，以减少自掏腰包1 000欧元应对可能发生的“个人风险”？租车公司会额外强调这一点：如果车被偷了，你得赔1 000欧元；你可能会撞车，也可能会丢失车钥匙。我们中的大多数都或多或少经历过这些事，所以这感觉像是一种自然风险。而78欧元远低于1 000欧元，所以我们很快就能判断出哪个方案更合适。实际上，你购买的保险可能物有所值——当你因为购买了风险保障而感到放松时，你的驾驶技术就会变得更好。

还有一种比损失或风险规避更肥硕的苍蝇，那就是**模糊厌恶（ambiguity aversion）**。对大多数人而言，未知概率的风险比有二分之一的概率失去金钱更难以接受。这同样适用于我们生活中的所有决策：选择伴侣、工作、投资，等等。那么我应该怎么做？请明白，即使生活中充满了这么多风险，你能做的最糟糕的决定就是不去做决定。

开始行动

我们现在明白损失是痛苦的，承担风险会伤害我们。但为什么会这样？因为当我们因做出错误决策而自责时，那种感觉是最糟糕的。主动做出选择很困难，无论是挑选度假屋、潜在伴侣还是无聊的项目：不得不承担自己行动的后果总是艰难的。**预期后悔（anticipated regret）**在决策中扮演了重要角色。这很有意思，因为人们通常很难准确预测自己对某事件的感受。如果你让人们预测彩票中奖会有多开心，人们大多会高估中彩票带来的快乐。仅仅在六个月以后，赢得全国彩票的人的快乐程度就会与那些从未购买彩票的邻居相同。[7]大体来说，这类奖金带来了各种意想不到的烦恼，⊖从离婚到

⊖ 这可不仅仅是我们的个人经验——经济学家不会赌博，蒂姆则喜欢去拉斯维加斯。

朋友借钱的信件，再到那些没买彩票的邻居的不满。[8]相反，人们也倾向于高估坏事对自己生活的影响。例如，即便在截肢手术后，人们也能很快恢复到手术前的幸福水平。所以请记住：你的后悔通常比你预期的要小，不做决定比做出错误决定更糟。㊀

为什么人们会避免做出决策，有时甚至拖延到影响自己？科学家丹·艾瑞里设计了一个实验，探究人们为何在“精神上关闭大门”时会遇到困难。[9]他为学生们设计了一个点击游戏。设想一下：你有 12 次点击机会，如果在三扇门中选中了一扇，你就能从它背后的游戏机里赢得分数。但是要小心：每一次你换一扇门点击时，你就浪费了一次点击的机会。在左边的那扇门，你可以赢得 1 分、5 分、11 分、3 分；在中间的门，你可以赢得 4 分、2 分、1 分、1 分、3 分；在右边的门，你可以赢得 7 分、10 分、2 分、18 分、5 分和 8 分——平均每次能拿到 7 分。当然，大多数实验参与者会意识到点击右边的门平均得分最多。在换了几次门之后，大多数人便一直选择它。随后，艾瑞里引入了一个新的元素：消失的大门。产生最少分数的大门会变小。如果参与者在过去

㊀ 蒂姆喜欢用“完美主义”这个词来解释为什么不做决策：除非一切条件都完美了，否则就不能开始行动。这是“要做就要把它做好”吗？矛盾的是，这恰恰是最终让你后悔的原因。

12 次点击中一次也没有点击它，它就会消失。这种变化本应让人得更多分。令人惊讶的是，大门的消失让人们得的分更少了：人们会不时点击那扇变小的大门，以防它永久消失。即使研究者们告知他们每扇门背后平均能赢得多少分，他们也会继续点击。除此之外，即使点击一次就能让消失的大门回来，他们仍会不停地以得更少分的代价点击它，以防它消失。这个“消失”的选项在人们身上产生了非常奇怪的效应！

协和式飞机的最后一趟航班是最受欢迎的。荷兰商店 V&D 的最终季清仓大甩卖吸引了大批顾客，尽管过去几年同样的折扣效果平平。“要么现在，要么永不”“最后的机会”“清仓甩卖”“赶紧囤货”：这些标语背后是一只害怕因为错过了什么东西而后悔的苍蝇。当蒂姆和他的太太听说阿姆斯特丹的某家时尚快闪餐厅即将搬走时，他们总是因为还没去尝试而感到压力。在美国，麦当劳不时推出的麦记小排骨总是会吸引一大波顾客，只是因为顾客们并不知道这次之后要等多久它才会再次上市。[⊖]相反的情况也会发生：只要对是否还能得到某物的不确定性减少，对它的需求也会下降。当奥巴马被选为总统时，美国的枪械发烧友担心他会禁止他们用枪。他们大量囤积手枪、来复枪和弹药，枪械产业发展蓬勃。然而，特朗普上任后，这是一位受到国家来复枪协会支持的共

⊖ 也可以参见第 2 章“可变化的奖励”部分。

和党人。这些枪械爱好者们开心地舒了一口气，购枪量马上下降。一些著名的品牌，例如雷明顿武器和史密斯 & 威森，都因此陷入了财政困境。这一现象被人们形容为“特朗普萧条”。

在家试试！

你能做些什么来驱散那个“你会后悔”的念头呢？艾瑞里证明，单纯的练习并非解决之道，帮助人们处理相关信息也无济于事。但仍然有一些办法是可以尝试的。让我们设想你想要买一间屋子，但你不确定市场怎样，也不知道屋子的地基是否牢固。

（1）列出不做决策的成本。你已经花了多少时间在选择上？什么都不做会带来什么后果？在其他情况下，你可能承担多大风险？（例如，如果我现在不买房，每年的租金涨幅是多少？五年后，我在租房上的总支出会是多少？）

（2）然后，列出做出错误决策的代价。你需要什么去扭转这个错误的决策？尽可能详细、全面地列出来（例如，如果我现在买错了房子，我将不得不支付两次房屋交易费用）。

（3）预测你在这两种情境下的情绪，并给它们打分。记住，你的直觉通常会高估你未来的情绪：无论是对你有利还是不利的因素，它们带来的情绪变化通常会比你想象的消散得更快。因此，你不妨将预期的情绪变化减少到原来的三分之一。

（4）比较这两种前景。也许不做出决策会让你更加失望，而做一个错误的决策则会比不做决策让你快乐很多。

这是否有效？

在现实生活中，不确定性、金钱和决策困难共同产生了怎样的效应？想象一个场景，这个场景中充斥着大量信息，人们在其中频繁消费，尽管他们并不完全清楚自己究竟花费了多少。没错，超市就是这样的一个典型场景。除非你在逛超市时总是边拿货边扫码记账，否则最后的总账单往往会让你感到意外。如果你只带了 20 欧，那你需要进行大量的心算来确保你不会超支。如果购物车里能实时显示商品总价，那不是很好吗？这个想法非常合理，以至于人们经常会想，为什么购物车里没有一个简单的扫码器或计算器。

你是否想过，如果购物车上有一个用来计算总价的平板电脑，你会花得更多还是更少呢？研究表明，这取决于你心中的预算。[10] 一项研究显示，设定了预算的购物者在购物车上有这样一个平板电脑的情况下，平均而言花得（42 美元）比没有电脑的购物者（34 美元）多。平板电脑给予的反馈解决了购物者对于总价的不确定性，所以他们不需要在计算总价时留下很多余地。他们现在把预算中富余的钱用于购买“更好”的商品，也就是那些高品质的商品。而对于没有设定预算的购物者，有平板电脑的情况下平均消费金额（41 美元）比没有平板电脑的（55 美元）少。这主要是因为前者会用低价品牌替换高价品牌。因此，不同类型的消费者在购物时对商品总价的反馈会产生不同的影响。但在这个例子中，两种消费者都从反馈中获益了。在线上商店中，你的屏幕上通常只显示你购买的商品总数，而不是你花费的金额。这样一来，线上卖家实际上失去了那些有预算的消费者的额外消费，因为这些消费者现在不确定自己究竟花了多少钱。

钱包的反馈

麻省理工学院的一个实验室曾设计了一个动态钱包。它有三种变化模式：一是当你用信用卡消费时会震动，二是当你的账户余额增加时会变得更厚，最聪明的设计是一个铰链，你的余额越少，铰链就越紧。这就是纯正的阻滞！这正是一种利用我们避免克服障碍的本能来节省开支的方案。

所以，人们真的需要反馈来控制预算吗？这显然不会增加购买的快乐感。另一种避免金钱上不确定性的方式是预先支付，或者至少锁定价格，例如选择全包服务。有些旅行者意识到他们为全包服务花了太多钱，一些人试图在自助餐上大吃大喝来弥补。就像《宋飞正传》（*Seinfeld*）里说的那样，“没有人会走进一个餐厅，然后对服务员说，我要一个酸奶芭菲、小排、华夫饼、肉排、蟹腿，四个曲奇饼和一个欧姆蛋”。相反，在自助餐厅，他们吃得像是吃最后一餐饭的死刑犯一样。不过，就连没有胡吃海喝的就餐者也会因为他们不会在旅行的最后看到花销，而感到既吃惊又不悦，从而更加享受自己的旅行。我们完全可以说，这样的体验比在超市购物时等待最终的报价时直冒冷汗要好。不确定性意味着遭罪。想象你的一个朋友给你发消息说：“我可能会有一张已经售罄的音乐会门票要给你。”你收到这条消息会觉得更开心还是更不开心？对于很多人而言，是更不开心。收到这条消息前，世界是很简单的：你不会去这个音乐会，所以随它去吧。但现在存在两个可能世界了：在一个世界中你很开心，去了音乐会，享受了一个美好的夜晚；在另一个世界中，你什么都没有，在家里极其失望地坐着。

有时候，不确定性似乎也能带来快乐。美国在宝宝出生前办迎接派对的潮流传到了荷兰，但很多荷兰家长明确地让助产士不要在宝宝出生前说出超声波里看到的孩子的性别。这样，家长们可以花六个月去……去做什么？期待两种不同的结果？

这里发生了什么？为什么不确定性能带来好的结果了？只有在你认为两种结果都是正面的时，不确定性才不重要。如果家长对孩子的性别有一个很强的偏好，他们应该就不会选择花很长时间去体验孩子性别带来的不确定性。在这种情况下，不确定性就会让人很遭罪。

不过，即使是确定的信息有时也可能是过度的。如果爆米花外包装上有一个标签[⊖]，告诉你如果吃完了这包爆米花要燃烧多少热量来弥补，[11] 那么爆米花也会变得食之无味。人们甚至愿意花钱去避免看到这样的信息：这被称作**鸵鸟效应（ostrich effect）**[12]。想象香烟外包装上令人讨厌的图案，只有极少数吸烟者会真正地看它。把负面的信息（例如热量标签）看作是让人快乐的或是痛苦的，人们在这方面会有很不同的

⊖ 例如，凯斯·桑斯坦（助推理论的两个提出者之一）自豪地告知一个朋友美国食品药品管理局最终决定在餐厅和影院里的食物必须加上热量标签。朋友回信道：你毁了爆米花！

偏好。你是一个自控力有限的人吗？那么你很可能会因为这些信息而心烦，因为你无论如何都会吃完这包爆米花，但现在你更不享受它了。如果你拥有相对较强的自控力，那么你一点儿也不会觉得这样的信息是让人痛苦的，因为你很可能因此买一包更小的爆米花。令人羞愧的是，热量标签主要是为了那些缺少自控力的人设计的。[13] 对这些人而言，这个显眼的热量数字让他们失去了吃爆米花的合理性，甚至迫使他们修改自己“一天一包爆米花，能让医生远离我”的生活哲学。失去这样的合理性和生活哲学是让人难以接受的，而这也就是为什么人们在让人不悦的信息面前常常闭上他们的双眼——有时甚至是字面意义的闭眼。否则你要怎么解释，一家手工屠宰肉店竟然以一只快乐的小猪笑着夸奖同伴的屁股作为徽标呢？

人们在面对新信息时，对自己核心信念的保护程度有时会适得其反。有一些实验参与者（其中一些是“气候变化否定者”）被告知 2100 年全球温度预计将显著上升。在这之后，其中一半的人收到了好消息（“谢天谢地，目前有很强烈的信号告诉我们实际情况要比预计好得多”），另一半的人收到了坏消息（“实际情况非常糟糕”）。[14] 随后他们需要表明自己是否相信气候变化，以及他们认为全球温度在2100年会上升到什么程度。结果显示，那些不信气候变化的人，在接收到坏消息时，往往不愿承认全球温度的上升可能超出他们的预期。但若接收到好消息，他们则迅速调整预测。这是有据可循的：好消息与他们的信念系统相匹配，他们本就认为情况并不糟糕。但有趣的是，那些坚信气候变化的人，在接收到坏消息后，相较于接收好消息的人，更倾向于大幅调整自己的预测（2050年全球将会变暖4摄氏度！）。换句话说，尽管这些消息对人们而言非常负面，但相信气候变化的人们仍然愿意相信它，因为它印证了他们的信念。很显然，你的生活哲学显然比气候变化更重要。

在这一章，你了解到人们如何避免疼痛、后悔和不确定性，学习到哪些苍蝇参与了这一过程。你知道了禀赋效应，也明白为什么二手交易网上的买家和卖家之间会有这么多的冲突。至于损失厌恶，你可能会想起你在阁楼上不想丢弃的垃圾。当我们描述防御性决策时，你可能会想到自己曾选择“避免失望”而非努力去寻找最佳方案。在我们讨论鸵鸟效应时描述的人们不愿意得到不悦信息的情形可能让你感到似曾相识。现在，你可以真正地在你的生活中应用这些苍蝇了。

首先，当他人试图利用你的损失厌恶心理操纵你时，保持警惕。为了保持敏锐，你可以不时重读本章。小贴士：为避免突然发现书本丢失、被盗或不慎被泼上咖啡，你最好购买一本新书，以求心灵平静。好吧，你可能不会喜欢这个建议。但是，如果你看见这只苍蝇在所有不必要购买的保险上盘旋时，还是要保持密切关注。另外，你也可以留心一下能够应用它的时机。例如，在撰写筹款邮件时，你可以比较以下两种表述：

“亲爱的家长，像往常一样，现在是自愿为学校捐款的时候了。请为我们的孩子捐款，让他们能够享受一直期待的郊游。”

“亲爱的家长，像往常一样，现在是自愿为学校捐款的时候了。请为我们的孩子捐款，我们不希望他们错过一直期待的郊游。”

尽管这只苍蝇并不总是有效，但我们确实知道哪封邮件更可能产生效果。最后的提示：在你尝试使用这只苍蝇之前，先在本书的结语中看一下关于伦理的部分！

伴随之蝇喜欢追随团体领导和规范。

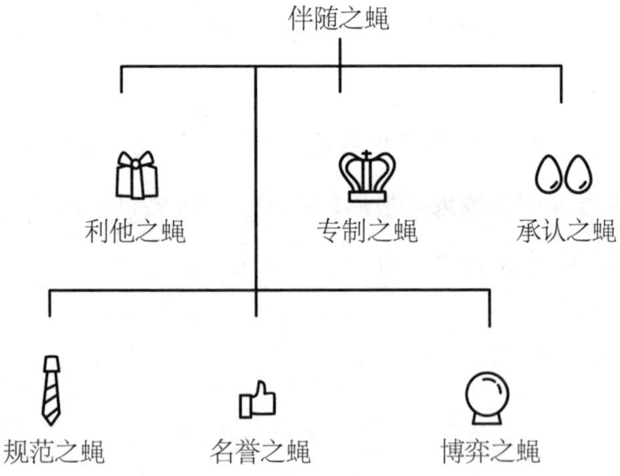

第 4 章

伴随之蝇

应用：仅仅是提出这里出现了一只苍蝇，就会把其他苍蝇也引过来。你或许听说过一个流行过的名词“错失恐惧症”（FOMO，Fear Of Missing Out），这也与这只伴随之蝇脱不了关系。

想象你在一座陌生的城市里寻找一个有趣的酒吧。面前有两家可供选择：第一家门口排着长队，一个脾气暴躁的门卫偶尔允许排队的几人进入。第二家门口站着一个聒噪的促销人，大喊："进来吧！这是个好地方！第一杯免费！"理性而言，你应该选择第二家，无须等待，不会面临被门卫拒之门外的风险，还能享受一杯免费饮品！但是你可能无论如何都还是会去排第一条队。为什么？是因为它的氛围更佳，音乐更动听，还是有其他原因？不，只有一个原因：那长长的队伍。显然，它足以让你在风中等待至少一个小时。

本质上我们是群居动物

尽管西方社会表面上看似强调个人主义，但人们在内心深处（以及大脑中）仍然是群居生物。这也解释了为什么"苍蝇"对人们的行为有如此强烈的影响。以酒吧外的场景为例：你可以制作一个 Excel 表格，详细列出每家酒吧的优缺点。

但当你完成这一工作时，夜晚可能已经结束，两家酒吧也已关门。幸运的是，你的大脑会对这种模糊的情况采取启发式思维：跟随大众，做出与他人相同的决策。你可能认为这种做法不够理性。但如果这样想，就忽略了经验法则往往非常有效这一事实。必须承认，大多数人的行为不一定是最佳选择（想想总是大排长队的垃圾食品快餐店），但这些行为很少会让人极度失望。所以如果你不知道自己应该做什么，随大溜是一个规避风险的好方法。你远古时代的祖先很明白这一点：老虎来了，每个人都在逃跑，你当然可以选择不跟随他们，去尝试驯服那只老虎并把它作为你的宠物。但显然，这时的特立独行很可能无法增加你生存下来的机会。当不知道该做什么的时候，跟随其他人的行为，你通常会安然无恙。

这种现象被称作**社会证据（social proof）**或**从众效应（bandwagon effect）**。这一效应起作用时，你甚至不需要亲眼看到这些“其他人”，仅仅是推测他们之前的行为就足够了。企业非常喜欢利用这种心理。想想网店里的那条消息，告诉你“其他十个人也正在浏览这家店铺”，或者显示你正在看的产品是“我们的销量冠军”，就像《5 000 万个猫王粉不会选错》是猫王埃尔维斯的专辑名字。多年来，电视台会使用录制好的笑声和直播间里听众的反应来引导电视机前的观众大笑。尽管这已不再流行，但疫情期间我们在空场的足球比赛中看到了相似的技术：如果能听到录制好的球迷庆祝声，观众就会觉得比赛更加吸引人。

在某些酒吧门口大排长龙的情境中，我们注意到了另一只苍蝇：稀缺性。很多人想要进入第一个酒吧，但不是每个人都被允许进去。因此，选择这家酒吧的人不只是选了一个好的酒吧，他们甚至还拥有了在这之后炫耀的机会。稀缺性带来了地位：你被允许进去了，别人没有。这只苍蝇与**虚荣效应（snob effect）**相关：如果更多人拥有一件物品，那么它的价值就会降低。在一家需要提前六个月预约的米其林餐厅上，人们对稀缺性的需求表现得非常明显。当 H&M[㊀]发布设计师的限量系列时，人们对于相关产品的狂热也反映了这一点。仅仅暗示稀缺性就是有效的。记者们警告大家，囤货只是自我实现的预言：人们多囤一卷厕纸，只是为了防止其他人也开始囤厕纸。商店里限制人们只能买四罐软饮的公告也会立即增加销量。[1]另一个聪明的做法是在新产品上市前一周发布海报，并在海报中敦促顾客耐心等待——通过这种炒作，“耐心等待”的建议让这个产品在客户脑中挥之不去。[㊁]

你在畅销榜上也能看到同样的现象：畅销书排行榜上的

㊀ 著名快时尚品牌。——译者注

㊁ 蒂姆既没有承认也没有否认他在市场营销中使用了这样的策略。

书自然卖得更好，这就是**畅销书效应（bestseller effect）**[⊖]。你可能会认为这是因为这些书确实更好。你的看法有一部分是对的，但运气也发挥了关键作用。揭示运气的作用需要许多平行世界。科学家们在 2006 年进行了一个实验[2]来试图说明运气的作用：他们创建并上线了一个在线音乐商店，里面都是不为人知的歌曲；他们让 7 000 名访客下载他们最喜欢的歌，并且这些访客能看见之前其他访客的下载排名。这些访客被分为八个组，各组能看到的排行榜各不相同。结果正如预期的那样，最后下载量前十的音乐与最初随机而成的排行榜高度相关，而且倘若使用算法来推荐最受欢迎的歌曲，这样的效应更为明显。

这个故事也有它的反面。想想第二个可怜的、空荡荡的酒吧，这是这只苍蝇丑陋的兄弟盘旋着的地方。不管它是酒吧、餐厅，还是百货商店。如果它空空荡荡，你就不想进去。仅仅是因为进店会让你感到与社会主流相悖——很显然，其他人不进去有他们的原因。因此，人多的地方会吸引更多人，空荡荡的场所只会让人远离，而地上的垃圾也会随之带来更多的垃圾。[3]

一些致力于解决大规模社会问题的标语并没有带来预

⊖ 所以谢谢你，亲爱的读者，请考虑下次把《苍蝇效应》这本书当作礼物吧！

期的积极效应："每年有上千人闯红灯！""几乎没人回收垃圾！""每一天上百名公交司机都会撞到路人！"政府机关很喜欢这些标语，因为它们显示主管部门正在试图解决一个大问题，但提及这些社会问题的规模往往使得这些标语的效果与它们的目标背道而驰。这是因为在这些例子中，政府所希望人们摈弃的行为在不经意间让人感觉到很平常了——这么多人都这么做了……因此，这些标语的使用很可能不是在制止这样的行为，而是在助长它们。

创造卓越的团队合作

你可以在你的工作中试试以下做法。设想你需要同事们在项目中出点力，比如提出一些想法、信息，或者仅仅是确定一个共同会议的时间。但是几周过去，你的邮箱一直空空荡荡。你决定发一封邮件，可能会这样写：

亲爱的同事们，

两周以前，我给了大家一些合作项目需要完成的任务。目前，我仅得到了一条回复。我必须说，我们目前的进展并不太理想……如果你们能在后天前给我发些东西，那就太好了！毕竟，我们应该一起完成这个项目。

这种方式看似能起到提醒作用，但想想早前提到的那只苍蝇。当发现许多人和我们一样时，我们会感到舒适。因此，你的同事们可能会松一口气，因为他们知道其他人也没有采取行动。他们会庆幸自己没有成为唯一投入时间的人。你的邮件可能无意中将你的项目变成了一个空空荡荡、毫不吸引人的任务。实际上，你错误地使用了一只苍蝇：现在人们可能不愿意做任何额外的贡献，因为那会让他们显得与众不同。

我们并不推荐你像蜚声世界的柏林夜店波海恩俱乐部（Berghain Club）一样，雇一些有恐怖文身的保安站在会议室门口，无情地拒绝你的同事们，只让“特别的人”入内。但是，你也可以尝试利用一些虚荣效应。下次，你或许可以这样写邮件：

亲爱的同事们，

我们的合作项目进展很顺利。越来越多的⊖同事正在分享他们的观点。尽管我们希望考虑每个人的意见，但我们能够包含的想法是有限的。所以，如果你还没有提供你的想法，我们建议你这周就行动！

⊖ 之前一条回复也没有，但现在有一条：所以的确是越来越多了。作为一个文案作家，蒂姆不觉得这是有误导性的。科学家伊娃也赞同这个观点，只要你不说假话（她不会用“越来越多”这个词），且人们不觉得被骗了，那文案的设计就毫无问题可言。但是，如果人们发现自己被假话骗了，他们可能再也不相信你的文字，这也会毁了你的下一次苍蝇实验……

镇定下来

你还记得“极简”的穿搭风格吗？“硬核极简”是之前流行过的潮流：年轻男性穿着白色袜子，年轻女性则选择中年妇女常穿的牛仔裤。“硬核极简”中有一个很酷的字叫作“核”——这个字表明你的穿着是有灵魂的，不受他人观点影响。简单普通的穿着变成了潮流，这是多么有趣的趋势啊！事实上，人们总是想看起来普通，这种心理在我们的神经网络中根深蒂固。它帮助我们避免最恐惧的事：被群体排斥。

当伊娃为公务员群体举办团建活动时，她有时会用一个游戏作为开始。游戏中，一半的人被带到大堂，并得到额外的指示。当所有人都回到房间后，他们开始三人一组扔球。一分钟后，那些得到额外指示的人开始执行指令，他们不再把球扔给群体中的某些人了——这些人再也没有机会摸到球，而其他人继续互相传球。即使是观众，也会为那些接不到球的人感到尴尬。即便是那些已经在心理学科普书中读到过这个实验的参与者，也没有预料到突如其来的社会排斥会让他们感到如此难过；即便是那些得到额外指示、执行排斥指令的人，也没有预料到真正对别人实施社会排斥是多么令人不适。这个简单的扔球游戏揭示了人类最重要的动机之一：归属感的需求。

偏离大流是如此难受，以致人们宁愿改变自己的信念也要避免它。这种现象并不需要很多人就能发生。早在 1951 年，心理学家所罗门·阿希（Solomon Asch）就发现，当三个人都做出同样的错误判断时，第四个人几乎总[一]会认为这三个人的判断是正确的，即使他们所犯的错误显而易见。阿希招募了一些学生作为参与者。他所雇用的一些演员对一个不知道实验目的的参与者说两根线条是一样长的，而事实上这两根线条明显不一样长。两个演员共同做出这样的错误判断并不足以让参与者信服，但如果超过两个演员都做出相同的错误判断，75% 的参与者都会同意这个错误的判断。所以，即使你明显是正确的，当群体中的其他人做出不同的判断时，坚持自己的信念可能会让你感到痛苦——被排斥的疼痛。[二]

对排斥的恐惧也在职业选择上发挥了巨大作用。2019 年初，洛杉矶警方致力于增加雇员的种族多样性。他们的努力并不成功：尽管招聘者强调女性和少数族裔是受欢迎的，但

[一] 但是小心，这个实验只是基于 50 个参与者的结果，这 50 个参与者都被“欺骗”了——那三个做出同样错误判断的人是实验者雇的演员。

[二] 为了凸显这一社会压力所产生的影响，我们补充以下信息：在信息时代的今天，人们接收到的许多错误信息是由算法或信息系统产生的。因此，在阿希展开实验 70 年之后，大家开始研究人们多大程度上会怀疑或者相信算法给出的明显的错误信息（比如 2+2=5）。结果发现，人们倾向于相信算法给出的错误信息，而不是做一个更独立、更好的判断。因此，在当今社会，社会压力带来的服从甚至适用于“电脑已经这么说了”的情况。

在招聘过程中除了年轻白人男性外的所有其他群体的人都被淘汰了。很多时候，在任何筛选过程开始之前，申请人就已经全部是白人了。那时，行为洞察团队[4]想出了一个新的策略，成功改变了少数族裔不愿意成为普通警官的观念。他们在脸书的主页上用“你属于这里”的口号招聘雇员，并展示了一张有着一个黑人男性、一个白人女性和一个亚洲男性的照片。此后，非白人男性申请者的数量增加了四倍。很显然，人们需要在视觉上被说服，相信自己符合图片里的形象，并不会被排除出群体之外。

“我们”与“他们”

社会规范（social norm）描述了在特定情境下，特定人群通常应该做什么。这些规范有时会被公开而明确地表达：例如，一个神职人员可能会解释在你的群体中怎样与异性相处才是恰当的，礼仪指南会告诉你用餐中途去洗手间时应该如何放置餐巾，[⊖]专栏作家可能会指出在工作中使用哪些词汇是不明智的。这类规范强化了个人与其社会群体（内群体）

⊖ 正确答案是需要把餐巾放在你餐盘的左边。并且不管你要去洗手间做什么，不要管它叫作“厕所”。当然，这些原则只在你在乎这些规范的情况下才适用。

的联系，同时增加了与其他群体（外群体）的差异。没有什么比一起鄙视普通人或者嘲笑那些“想要将深度挖掘纳入日程”的经理更能增强团队精神了。

其他规范则并没有那么公开和明确地建立。通常，人们会通过观察所在群体的大多数人的行为以及对偏离规范者的反应来下意识地学习这些规范。有时这种方式会失效，你可能会基于所见到的事物得出错误的结论。例如，在疫情期间，你可能不知道有多少人遵守了隔离规定，因为那些遵守规定的人并不会出现在街上，而那些违反规定跟随人潮去海滩的人则被新闻报道了。社会的基本规范总是围绕着同样的主题：个人利益与社会利益的对立。社会规范教导我们为了更大的集体利益牺牲个人利益是值得尊重的：每一部英雄电影都在直接反映这个特定主题。电影中的反面角色则展示了将个人利益置于一切之上是错误的。现代社会中的另一个例子是飞行羞耻，即有些人对谈论他们的长途旅行感到羞耻和尴尬。这是一个典型的社会规范：它涉及判别事物正常与否的标准，出现在特定的社交圈子中，是个人利益（美好的假期）和社会利益（气候被破坏）之间的平衡。如果你对此感到特别烦恼的话，某些航空公司甚至允许你通过花钱种植一定数量的树来获得“宽恕”。通过在社交媒体上分享这种宽恕，你对飞行的羞耻感可能会减小到一个合理的范围。

给你的同事们分发巧克力

如果你想观察你所处的工作场所是否包含体贴他人的社会规范，试着在参加会议时带一盒巧克力。关键是：不要为每个人都准备足够的巧克力。确保你带的巧克力只够大约三分之二的人享用。在分发巧克力前，告诉大家：

- 一共有多少块巧克力；
- 每个人可以选择拿0、1、2块（并让他们记录自己拿了多少块）；
- 如果人们索要的巧克力总数超过了实际数量，你就会停止分发巧克力并把所有巧克力都带回家。

有趣的是：在大多数团体中，参会者会主动调整自己拿的数量，以确保每个人都能最终分到合理数量的巧克力。更有趣的是，经理通常会拿两块巧克力。当然，他们总有充分的理由，比如“给我的实习生/丈夫/女儿们”，但这依然是一个有趣的现象。

然而，在许多情况下，人们认为你应该做的事情与大多数人实际上做的事情并不相同。例如在腐败或犯罪盛行的地方就普遍存在着两种规范（描述性规范，即“我的朋友们实际都在做什么”和规定性规范，即“我的朋友们应该做什么”）

相互矛盾的情况。即使在你自己的日常生活中，你认为应该做的事情（比如更频繁地去健身房或减少在手机上无尽地滚动浏览）和你实际上做的事情之间也通常存在差异。总的来说，可观测到的他人行为往往才是我们行为的决定因素，而人们认为应该做什么则在很多情况下没有那么重要。这也是为什么总有新手吸烟者明知不可为而决定为之。这也许并不令人意外，因为你可以实实在在地看到他人的行为，而他人的想法则是不可见的、更难评估的。

在沙特阿拉伯进行的一项研究表明，提供关于“人们认为什么是应该做的”的信息可以产生革命性的影响。[5] 在沙特阿拉伯，有些女性得到了工作机会，但大多数女性因为丈夫不赞成而没有工作。至少从表面上看，影响女性就业率的因素确实是丈夫的想法，但研究却表明实际情况并非如此。男性实际上认为妻子工作是完全可以接受的，但他们同时也认为其他人——比如他们的邻居——会不赞同。实际上，邻居的观点与他们完全一样，但他们彼此并不知道对方的看法。因此，研究人员决定向一些男性透露其他人也认为女性工作是可以接受的。结果发现，在获得这一信息后，很多男性都为他们的妻子注册了一个职业匹配服务；四个月后，其中很大一部分女性都很愉快地开始就业了。由此可见，对社会规范的误解可以推动或破坏社会（以及婚姻）。

改变标准

你如何制定或改变一个社会规范呢？一种方法是将改变规范本身作为一种规范来宣布。三位美国科学家在大学食堂进行了一项实验。平均而言，来用餐的人中有 80% 点了包含肉类的午餐，而他们需要排队等待五分钟才能领取食物。研究人员向排队的所有人发放了两种版本的调查问卷。A 版本描述了有多少人有意识地减少了对肉类的消费（每十人中有三人）；B 版本描述了有多少人在最近几年开始有意识地减少了对肉类的消费（同样也是每十人中有三人）。这两个版本的问卷之间的差异仅在于一个词。但这个词带来的差别却对人们的点餐选择影响巨大：阅读 B 版本（人们最近几年开始减少肉类消费）的群体中选择素食午餐的比例是阅读 A 版本（这样已经有一段时间了）的群体的两倍。[6] 因此，规范的制定可以通过有意设计的小变化来有效地调整，而无须撒谎。

再考虑之前提到的给同事们分发巧克力的案例。作为群体的一分子，你需要尽量不索取太多巧克力，但实际上你可能更愿意自己拿两块：这种情形被称为社会困境。类似的情境在日常生活中还有很多，从过度捕捞到超速驾驶无不如此。当人们在实验中陷入这样的情境时（通常不是因为糖果，而是应该投入多少钱到“社会公益基金”中），你会发现在第一轮中，大多数人都是友好的。他们做出了符合群体最佳利益的决策。至少在荷兰是如此：在那里，互相信任是一种社会规范。尽管伊娃有时在阿姆斯特丹的实验室中也能遇到一些根本不为社会公益基金投入任何金钱的实验参与者——“嘿，我可不是村里的傻瓜”。这种**“村头傻瓜效应”**（**Village Idiot effect**）更正式的名字是**“冤大头效应”**（**sucker effect**）。[7] 平均而言，大约三分之一的人是不愿意出钱的搭便车者。然而，如果重复这样的游戏，参与者通常会发现自私行为确实更有回报，他们的慷慨太容易被其他人所利用。就这样，“为了社会的集体利益而付出”的行为规范便破碎了。

实际上，知道了这一点，在大多数社会中，我们似乎能够妥善应对相当多的社会困境。当我们在收银台排队等候时，我们会在咳嗽时用手肘遮住口鼻。部分原因是我们有条件合作的特性[8]：如果你看到其他人投入了钱，你也愿意加入。这适用于大约一半的人，并会被社会规范所强化：当你看到其他人在等候时，插队是不被接受的。然而，在社会规范不够强大的情况下，我们也善于设计其他机制来约束人们的行为。例如，惩罚违反规范的行为可能非常有效[⊖]（例如超速罚

⊖ Herrmann，Thöni 和 Gächter 详细描述了雅典、伊斯坦布尔和马斯喀特等地的人为什么更经常收到罚款，而且有趣的是，那些为人慷慨随和的人尤其常常遭到罚款。

款——参见第 7 章)。但这些方法也可能相对危险——在火车上，你敢向正在打电话的商务女士指出“静音区”的标志吗?

情人节和淋浴间的地漏

幸运的是，除了惩罚违规者之外还有其他解决社会困境的方法。最简单的方法显然是排除那些不合作的人。这听起来似乎是你永远不会做的事情，但想想我们生活中充满的与陌生人的交易，通常涉及物品或金钱上的交换。例如，在荷兰类似易贝网（eBay）的二手交易网站上，每年进行了数千万次交易；在爱彼迎（民宿预定平台）上，仅 2019 年夏季就共有 130 万次交易。在易贝网、爱彼迎和几乎所有其他在线市场上，租户（或买家）和供应商都可以看到对方在之前交易中收到的评价。这本身是一个好主意。然而，在这种模式刚亮相的早期，出现了各种意想不到的问题。在爱彼迎上，住客曾被允许先于房东发布评价。在这种情况下，你会怎么做——你会对淋浴间的地漏发表你诚实的意见，宁肯冒着被房东事后找麻烦的风险吗？当然不会。这种自我审查对爱彼迎来说非常有利，因为它大幅提高了平均评分；然而，随之而来的是评分膨胀问题，人们开始不再相信积极的评价。在咨询研究人员之后，爱彼迎决定在双方都填写评价后再把他们的评价公开。这就像情人节一样：当你寄出贺卡时，你还不知道对方是否喜欢你。推迟公开评价确实在一定程度上有所帮助——作为一个有战略意识的房东，你倾向于不说任何难听的话，因为你的评价是公开的，未来的租户可能会基于你过去的评价判断你是否是难缠的类型……

假设你是爱彼迎的老板，需要思考如何解决这些问题[9]。㊀你看到其他平台上，人们可以在发表评论后修改或撤回。但这就带来了一整套新的策略选择。作为本书的读者，你现在可以预见到人们可能会滥用它：比如先有计划地给出差评，然后向商家勒索。实际上，Yelp㊁就曾报道过这种滥用差评的行为。餐厅客人经常以威胁给出一星级评价来敲诈，以获得免单的机会——这些人被称为 Yelp 黑帮。幸运的是，并不是很多人都如此邪恶，但这样的人确实存在。统计数据显示，给予餐厅撤销评论的选项会降低人们对评论的信任，而这最终可能导致平台的失败。毕竟，声誉是很值钱的。一个信誉良好的卖家的产品价格比出售类似产品、信誉一般的卖家高出 16%。买家和租户对卖家个人资料中的信息似乎非常敏感。当然这样也会带来不小的问题：如果非洲裔美国房东

㊀ 如何打造一个理想的市场？我们推荐一篇叫作《经济学家的工具》（The Economist's Tool Kit）的文章。它展示了怎样在这样一个公开市场中建立信用和声誉，并且它的可读性相当高。

㊁ 总部位于旧金山的餐馆点评网。——译者注

在他们的个人资料中添加了自己的照片，他们的房租收入会降低 12%[10]。㊀

到处都有的社会信号

由于我们感觉到归属的需求，以助人的方式表现自己就变得非常重要。如果一个人被视为不够友善和乐于助人，那么他最终会被踢出群体。这就留下了一个问题：你如何向其他人展示自己是一个友善和乐于助人的人呢？大声宣称自己非常善于社交可能会传递相反的信号，让人觉得你很自大。不幸的是，过度谦虚也常常并不奏效：那些通过抱怨来炫耀的人——“我最糟糕的特点就是我太完美主义了，这太可怕了！”——通常被认为能力较差，缺乏同情心，[11] 他们从他人那里获得的好意和金钱也更少。㊁幸运的是，你也可以通过

㊀ 打车软件优步（Uber）的吸引力一部分就在于这样的歧视不会发生在他们的平台上。他们的算法本身根据供给、需求和评分直接计算出了行程的报价。

㊁ 你一定想知道这项研究是如何进行的。三名美国研究人员设计了一个实验，让参与者在谦虚炫耀的短语（例如“是的，这太尴尬了，每个人都说我简直就是那个电影明星的翻版”和“经常有人向我寻求建议，帮助他们占据了我大量的时间”）或者吹嘘的短语（例如“我擅长主持会议”和“我是我这一届同学中跑得最快的人”）中进行选择，选出最适合自己的短语。接着，其他参与者会根据这些句子来决定给这些人发多少钱。结果显示，那些（被迫）选择谦虚炫耀的人比那些吹嘘自己的人得到的钱少得多。

不引人注目地说或做一些事情来表明自己的友善和乐于助人。比如，为慈善事业筹款、反对环境污染、成为业余体育俱乐部的财务主管或发起在线筹款活动等。这样，你可以在帮助他人的同时（也许是下意识地）提升自己的形象。那些被认为对社会有价值的成员可以充分依赖群体的保护，并且在约会市场上也更具有优势。这有助于我们理解为什么人类的进化机制会持续培育善于社交的利他主义者。

道德停摆

然而，有些情况下事情会偏离正轨，例如当发出的社会信号比实际行动更重要时。以脸书上的活动为例：人们发布的“拯救鲸鱼”的帖子让他们感觉良好，但在此之后，又有多少人真的会上船去阻止捕鲸者呢？实际上，因为你已经发出了一个信号，你执行后续行动的动机实际上可能会减弱。想象一下你内心的声音：“我已经分享了关于塑料污染的令人印象深刻的视频，因而已经树立起了一个好名声，今天的社交行为已经足够了吧。”所以，请给我那个塑料袋吧！廉价的信号会让苍蝇朝着错误的方向飞去。

这就是科学家所说的**道德许可效应**（**moral licensing effect**）。就像孩子们在玩捉迷藏时会有一个“停摆”时间——他们在这段时间内是不能被捉住的，你在做好事后会经历一段“道德停摆”时间。在这段时间内，你的声誉会让你感觉无懈可击。这也可以解释为什么许多道德高尚的领导者和活动家在“言行一致”的问题上遇到困难。在世纪之交，慈善丝带、手环和袋子出现了——它们是你表明自己支持慈善的好工具。虽然这些可见标志的数量增加了，但对慈善机构的结构性捐款实际上却减少了。这可能是由于新一代人不喜欢固定的承诺。然而，这里我们也看到了道德许可的痕迹：如果你已经戴着那个黄色手链，你的善行就已经完成了。有时候，助人之类的亲社会行为会变成一场竞争，人们开始表现得如此乐于助人，以致让受益者感到不舒服。例如，当你在派对上受伤时，你最不希望的就是因流鼻血而成为众人关注的焦点。然而对于派对的其他参与者来说，你的不幸是展示他们友善助人一面的绝佳机会。他们会争先恐后地帮助你。研究人员在非洲褐鸫鹛这种鸟类身上观察到了类似的特征。这些鸟似乎在为了给群体做出无私行为（例如守望）的“荣誉”而竞争。[12] 可能他们这样做是为了在群体中提高自己的地位。这被称为**竞争性利他（competitive altruism）**。当我们看到名人为了践行比另一个人更有感染力的善事而大声疾呼时，这个研究便会浮现在我们的脑海里。

一双注视你的眼睛

他人对我们的看法，即使在他们不在场的情况下，也会影响我们的行为。你是否曾因为一个没有与任何人分享过的肮脏想法而感到尴尬？这表明你意识到你自己有多么倾向于从他人的视角看待自己。仅仅是暗示你正在被仔细观察就能促使你表现得更得体。当不想支付超速罚款的英国人突然看到自己违章驾驶的图片附在罚款单上时，他们会更愿意支付这笔罚金。[一]无独有偶，伦敦郊区一个叫作伍尔维奇的地方遭受了很严重的破坏公物行为的伤害。但在当地艺术家在百叶窗上画上孩子的面孔之后，困扰该地区的破坏行为直接减少了约 24%。[二]

加工人脸和眼睛的相关视觉信息发生在我们大脑中的特殊位置。你是否曾在汽车、云朵或电源插座中看到过人脸的形状？这种倾向被称为幻想性视错觉（pareidolia）。我们的大脑不断寻找和人脸相关的信息，我们下意识地想知道其他生物在哪里，以及它们在看什么——事实上引起这种现象的大脑机制在非常年幼的儿童中就已经存在，被称为“视线方向监测器”（Eye Direction Detector，EDD）。这种机制的存在

[一] 在法国，附上违章驾驶图片的操作被废止：因为从照片中能够很清楚地看见谁在车里，不利于保护隐私。

[二] 这一项目被称作“自治镇的小宝贝”（Babies of the borough）。

使得人们容易被“注意力黑客”所利用。在一项实验中，研究人员通过在捐款箱上粘贴玩具眼睛，成功地将慈善捐款增加了几乎 1.5 倍！但更进一步的分析表明，粘贴具有女性气质的眼睛能让男性捐赠更多[13]，但除非使用女性的眼睛，否则粘贴眼睛的效果并不显著。[14] 提示：如果你考虑为公司聚会添加一张吸引人的海报图片，请确保图片上的眼睛是朝向你的文字的，否则你将非常有效地引导大家看向旁边的空白墙壁。

最后一种和信号传递相关的苍蝇有些诡异，它被叫作自我信号传递（self-signalling）：有时候你必须通过自己的行为来确认自己的道德水准。在丹·艾瑞里的书《不诚实的诚实真相》[*The*（*Honest*）*Truth About Dishonesty*] 中，他描述了一个令人惊讶的苍蝇效应：即**“破罐子破摔效应”（What the hell effect）**。艾瑞里向他的测试对象们发放了一个假的普拉达包。接下来，他检查那些拿着包包的人是否会更诚实或者更不诚实地回答问题。结果发现，他们变得更加不诚实了；他们好像在想：“我已经通过炫耀一个假包包来进行欺骗了，不如破罐子破摔，继续欺骗下去。”人们显然喜欢把自己想象成正派的人。但如果他们的行动证明自己并不是如此正派，他们就会彻底放弃希望，放弃继续做出得体行为。[1]

权威和滴进肛门的滴耳剂

让我们一起进行一次思想实验，正如伊娃在博士期间的研究所指出的，这类实验极具价值。想象以下两种情景：

情景 1：你在医院进行体检。一位穿着鲜艳运动服的男子在检查你的身体指标，并建议你服用某些处方药。

情景 2：你在医院进行体检。一位穿着整洁白大褂的男子在检查你的身体指标，并建议你服用某些处方药。

在哪种情景下，你更可能按照建议服用药物？在哪种情景下，你更有可能寻求其他人的意见？这个思想实验让你体验了所谓的**白大褂效应（White coat effect）**，也被称为**权威效应（authority effect）**：你可能对穿着运动服的“医生”持更加批判的态度。这是一种类似苍蝇效应的情境——一件外套究竟能说明什么呢？服装并不能使人更有知识，但你却下意

[1] 伊娃在疫情封控期间有一次彻底的“破罐子破摔效应”的体验。当她在一条繁忙的高速公路上开车时，她看见一个写着“在家待着，别上高速，我们一起抗击疫情！”的标语。由于她已经违反这样的号召了，她在宵禁开始后又出门丢了垃圾。

识地将白大褂视为权威的象征。这就是为什么在实验中人们更倾向于接受穿着白大褂的"医生"（或者说演员，因为实验中的医生是由演员扮演的）的建议。在现实生活中也是如此。一个臭名昭著的例子是一名护士误读了医生用英文书写的指示：滴耳剂应当滴入右耳（R. Ear），将其误读为"rear"（臀部），于是毫不犹豫地通过肛门将滴耳剂滴加给了患者。这表明，当涉及权威时，人们有时会放弃严密的逻辑思考。虽然这个例子颇具趣味，但在接下来的"机长症"案例中，盲目服从权威导致了非常严重的后果。在飞行中，正如空难后找到的黑匣子所揭示的那样，有时副驾驶会违背自己的准确判断，而盲目服从机长的指令，最终导致了灾难性的后果。

也许你会想：医学和航空领域的复杂性使我们不得不依赖专家。那么让我们回过头来看看"蓝色夹克效应"，相比以上的例子，它在不同情境下以相同方式发挥作用。在心理学实验中，人们会更倾向于听从看起来像警察或保安的人的指示，甚至会按照这个人的"命令"给一个陌生人付停车费！[15]与白大褂和蓝色夹克效应相对应的一个神奇效应可以被概括为**红跑鞋效应（Red Sneakers effect）**：那些衣着与众不同的人，比如穿着红色运动鞋的首席执行官，有时似乎更凸显他们崇高的地位和能力。人们认为他们足够出色，才敢于如此与众不同。但正如我们在穿运动服的医生身上所见：这只是个别案例，而不是普遍规律。此外，在对文身的研究中也得到了类似的结果：医生身上的文身可能会削弱人们的信任，而厨师身上的文身则可能增强人们对他们的信任。㊀

广告商早已认识到并开始广泛利用权威的力量。比如，牙膏广告常用牙医的权威声称“五分之四的牙医”推荐某种牙膏。但这种策略也有不奏效的时候，比如，“达斯肯医生牌香烟，医生自己也享用”的广告宣传效果就不尽如人意。如今，品牌会通过更微妙的方式定位他们的目标受众。比如，奢侈品牌会找富有的演员代言，营造他们本身就对奢侈手表精通的形象；他们也会找迷人的男星代言香水，让年轻人相信利用这款香水肯定能吸引女性。此外，想想超市产品上的各种标签。它们都声称产品得到了权威机构的认证。在广告中，选择特定语言进行宣传，可以体现和利用该语言背后国家的权威。以德国汽车品牌为例，相较于德国运动品牌在荷兰的宣传，德国汽车品牌更倾向于使用德语宣传，如“Das Auto, Wir Leben Autos, Vorsprung Durch Technik”㊁，从而获益于德国在汽车技术方面的权威地位。

㊀ 可以推断，作为科学家的伊娃身上的文身比创造性超强的蒂姆要少很多。

㊁ 意为“大众，装载生活，技术领先”。——译者注

每个人都是权威

如今，被视为权威的人的数量正在以迅雷不及掩耳之势迅速增长。传统上在特定领域中被视为唯一权威的人物（如律师、医生、教师）已逐渐稀少，取而代之的是 Instagram 上的意见领袖和出现在电视脱口秀节目中的专家。每个人都可以是自己领域的权威：那个解释今日推特趋势的“零零后”、分析某次袭击事件的刑事记者、评论新热门单曲的成功 DJ。然而，不可否认，从一个 Instagram 模特那里获取健康建议是否明智还有待商榷。也许你也可以从这种现象中获益——你甚至不需要穿上白大褂或蓝色夹克就能做到这一点。在工作或社区中，你可能已经在某些领域成为权威，因为你在那里待过很久，有过很长时间的学习经历，并曾取得过成功。你不必因为谦虚而否认这一点。当然，还有许多技巧可以增强你的权威。例如，用“很多人都知道……”这样的短语开始讨论一个晦涩的事实，或者赞美同事们的工作。他们不但会感激你，同时这也巧妙地暗示你是决定他们是否正确的那个权威。我们在这里也有一些需要承认的事情。老实告诉你，伊娃在博士期间的研究与思想实验毫无关系，[㊀]但通过引用她作为科学家的权威，我们希望说服你亲身去尝试那个关于医

㊀ 与不需要用钱的思想实验相反，在伊娃的所有研究中，受试者都被发放了冰冷的金钱。

生服装的思想实验。我们的做法见效了吗？

博弈论——站在他人的角度换位思考

在社交媒体上，你喜欢某些内容时会自然地点击“喜欢”。听起来这个过程非常简单，但真的是这样吗？假设你的一位朋友发布了一首充满陈词滥调和拼写错误的尴尬诗歌。为了取悦他，你考虑给这首诗点个赞。然而，你也知道其他人会看到你的“喜欢”——他们可能会认为你真的认同这是一首美丽的诗。嗯，最好还是不要给这首诗点赞了。所以，如果你认为别人也喜欢你喜欢的东西，你更有可能点击“喜欢”。这个过程听起来有些混乱吗？你现在可能感到的这种困惑被称为心理理论（Theory of Mind）。英国经济学家、诺贝尔经济学奖得主约翰·梅纳德·凯恩斯（John Maynard Keynes）将经济学比作一个“选美比赛”。想象一下一家报纸刊登了一些漂亮女士的照片，而读者可以通过猜测哪位女士被大众评选为最具吸引力者来赢得奖品。在这种情况下，诀窍不是投票给你个人认为最具吸引力的女士，而是预测大多数人会选择哪一位。凯恩斯认为，股票市场也是这样运作的——最具吸引力的选项并不总是获胜。价格的微小、随机波动有时会引发巨大的市场动荡。

选美比赛

设想一下这样一个场景：你和一群人一起坐在一张桌子旁。每个人需要在一张纸上写下 0 到 100 之间的一个数字，而最接近平均值的三分之二的人将赢得一笔奖金。你会写下哪个数字？

______ 在这里写下数字

这是凯恩斯选美比赛的一个抽象版本。如果假设所有参与者随机写下一个数字（即进行 0 层思考的玩家），那么平均值预计为 50；因此，为了赢得这场游戏，你可以写下 50 的三分之二，即 33（如果你这样做了，你就是在进行 1 层思考）。但是，如果你认为大多数人都会想到这一步，那么写下 22 可能会带给你更高的胜算（恭喜，你进行了 2 层思考！）。如果你继续这样推理，你会发现 0 是理论上的最佳答案。然而，所有参与者都能推理到这一层的可能性极低，因此实际上写下 0 并不一定能保证你赢得这个游戏。这个游戏不仅考验你的战略思考能力，还考验你如何估计其他人的思考方式。

并非每个人都能在这种战略情境中展现出远见。大约五分之一的人进行 0 层思考，三分之一的人的思考能达到 1 层，而四分之一的人能达到 2 层，其余的人则思考得更加深入。[16] 在实践中，1 层到 2 层（“我知道你知道我在想什么”）的思考通常能产生最佳结果。如果你采用计算机来模拟人们各自采用的策略，通常 1 层到 2 层的思考会获胜。因此，如果你想在社交媒体上获得很多赞，就需要仔细考虑，但不必过分深入地去理解你朋友的朋友的朋友可能喜欢什么。

生活中充满了类似选美比赛的情境。如果你想在薪资谈判、公司收购或风险游戏中做好充分的准备，那你就要适度地、设身处地地换位思考。如果上述测试表明你的战略思维能力有待提升，我们有一个很棒的解决办法！研究表明，心理理论的能力可以通过训练来提高。[17] 令人惊讶的是，这种训练并不是通过学习数学，而是通过阅读文学作品来实现的。轻浮的小说并不会产生这种效果：仅仅阅读“某人的心灵经历”并不会使人变得更具战略性。但如果人们积极地站在他人的角度换位思考，就像阅读一篇好的小说时所需的那样，那么他们就会变得更具战略性。相信我们，开展这种训练是非常值得的——一点点心理理论方面的提升可以为你带来很大的积极影响。

与人为善具有传染性

想象一下这样一个场景：一个小球努力滚上了一座山。突然，一个位于山顶的立方体将小球推回了山下。而一个小三角形则把自己放在小球下方，逐渐迈步，帮助它慢慢攀登至山顶。这是一个简单的抽象故事，但即使是不到一岁的婴儿在看到这个故事后也更愿意和善良的三角形（而不是“坏心眼”的立方体）一起玩。[18] 这表明，我们很小的时候就发展出了一种识别善良的能力，而这对于人类合作至关重要。

信任的演化

如果你想知道善良如何在残酷的外部世界中生存下来，请搜索《信任的进化》（*The Evolution of Trust*）这个游戏。在游戏中，你扮演一个小木头人，可以决定在何种情况下帮助他人：对方对你友好的时候，随机情况下，或者在你刚刚接收到其他人的帮助时。你将与其他角色竞争：一个自私的浑蛋，一个无条件帮助你的好人，还有一个起初对你友好、后来突然发怒让你非常恼火的人。你可以观察你的选择如何影响群体行为：是自私的浑蛋占上风，还是好人占上风？这个游戏很容易让人上瘾：过一小段时间后，你可能会在这些小角色中看到你的同事或孩子的谈判策略。十分钟后，你可以声称对进化博弈论这门众所周知的复杂科学有了一定的了解。

互惠是人类文明的基石之一。例如，爱情被认为应该是相互的，就像合作项目中的共同付出、酒吧里的轮流付款和恋爱关系中的互赠礼物一样。如果平衡被打破，事情就会出错。因此，我们内心有一种类似水平仪的东西来衡量二者的平衡。如果一个朋友总是对你的笑话回复“哈哈哈”，你不会只用一个冷淡的笑脸回应他。许多组织机构通过小礼物这只苍蝇来维持这种平衡：在购物时附赠的免费玩具、电子邮件中的有趣白皮书、账单上的薄荷糖，等等。这些小小的礼物实际上是起到重要作用的：一个实验发现，如果服务员在结账时额外赠送薄荷糖，他们收到的小费会增加大约 21%。[19] 在日本社会中，这种互惠的文化非常明显。在日本版的情人节上，女性应该送给男性巧克力；一个月后的“白色情人节”上，男性则应回赠价值三倍的巧克力。如果有人想结束这段关系，他们大可以回赠价值相似的巧克力，这样释放出来的信号就很明确了。

然而，人们也经常无条件地给予，不期望任何回报。重要的问题是：人们为什么这样做呢？乍一看，善良似乎对自己没有直接好处。所以你可能会好奇为什么进化会促成这么多利他行为。亚当·斯密（Adam Smith）等经济学家认为，做好事会让人感觉良好——后来这被称为**温情效应（warm**

glow effect）[20]㊀。你可能会记得，当你为无家可归的人捐款时心头涌过的一阵暖流。生物学家们也研究了这个问题：查尔斯·达尔文（Charles Darwin）声称，人们是出于计算和理性才表现出友善[21]。㊁在某种程度上，这是正确的：猴子给另一只猴子捉虱子是希望在未来得到回报，而我们也将同样的机制应用于同事间的互助。例如，我可能会帮你完成这个项目，希望你下次也能帮助我。这类行为在人类中独特的表现形式是“间接互惠”：你帮助了伊娃，而蒂姆则帮助了你。你没有直接得到回报，而是让善意和爱传递了下去，为未来的回报做了铺垫。催泪电影《让爱传出去》（*Pay It Forward*）就是基于这个理念——如果受惠于他人的善行，主角会向其他人回报三倍的善行；但他不期望这些人回报他，而是希望他们将善行继续传递给他人。

㊀ 亚当·斯密是那位写下《看不见的手》（*The Invisible Hand*）的经济学家。这本书的书名让全球 90% 的经济学家深信经济学是某种合法的“魔术”。但他也有不少睿智之言：“尽管人类被普遍认为自私，但他们的本性中显然存在某种原则，这使他们关心他人的命运，并且视他人的幸福为必需，即便他们除了见证这种幸福时的喜悦外，自身完全无法从中获益。”这种情感也被认为是令人无比愉悦的“温情”。

㊁ 查尔斯·达尔文在《人类的由来》（*The Descent of Man*）中写道：“随着个体推理能力和远见的增强，每个人都会迅速意识到，帮助同伴往往也能使他们自己收获帮助。”换句话说，这些人是基于纯粹的计算来帮助他人的。当然，这两种解释最终都指向同一结论：正如性生活一样，进化的压力会确保那些有利于你基因存活的事物通常也让你感觉良好。

340 万中国人和那个最幸运的人

在感人的电影之外，人们是否真的会传递善行？基于微信的研究给出了肯定的答案。麻省理工学院的 Yuan Yuan 进行了一项研究：在该研究中，用户可以指定一组联系人并向他们发送红包，而所有被指定的联系人都会分得红包中的一部分钱。[22] 每个人获得的红包金额是保密的，而只有收到最大金额的人会获得“手气王”的称号。红包在中国人之间确实非常流行：340 万中国人在一年内向他人赠送了超过价值等同于 2 000 万美元的红包！由于“手气王”的身份是随机确定的，研究者们能够准确分析善行是否具有传染性。他们探究了在红包中收到更多钱的人是否也会用更多的钱发红包，换句话说，人们是否会“回报恩惠”？答案是肯定的。突然收到钱的人可以选择保留全部红包金额在他们的账户上；然而，匿名的接收者平均会向他人捐出所收到金额的 10%，即使发放更高金额的红包并不会让他们从中受益。显然，他们只是享受传递善意的乐趣。然而，对自身声誉的考量也在其中扮演了重要角色。事实证明，被公布姓名的“手气王”的行为确实有所不同：他们通常会在发出的红包里多放一些钱：平均为他们所收到金额的 15%。因此，不管有意或无意，被公开宣布为“手气王”增加了这些人所发出红包的金额。显然，回报恩惠、传递善意和“理性”的互惠机制都嵌入在社会运行中。

脑科学研究㊀也证实了这两条神经通路的存在：一条是“自私”的，另一条是“共情”的；[23]而这也正是我们做出互惠行为的两个原因。个体的利他行为其实对于整个人类社会都是有利的。通过为他人做事而不直接要求回报，我们可以在庞大的群体中寻求合作，而不必时刻关注等价交换的数额。因此，我们能够排水拓地、建立民主，甚至可能拯救世界免受极端气候变化的影响。此外，你还可以战略性地使用这条共情通路。投之以木桃，谁知道呢，对方可能会报之以琼瑶。这样，你的木桃便是你巧妙运用的一只苍蝇了！

你是一个善人吗

你会像在微信或者其他通信软件上那样给邻居发钱吗？这是一个友善的举动，但是无缘无故给邻居发钱确实会让人感到很奇怪。但如果你是昨天那个收到了 65 欧元的“手气王”呢？也许你会请那个邻居喝咖啡作为感谢，或者你会给其他人发更大的红包。但你会把那个讨厌的邻居也列入发红包的名单吗？

㊀ 不幸的是，如果你不熟悉大脑楔前叶（precuneus）静息状态下的功能连接，这篇研究会很难读。

- 是的，为了显得慷慨？（恭喜，你是一个战略性的好人。）
- 是的，因为你认为这可能会让他变得更好？（恭喜，你是一个“回馈他人”的好人。）
- 不，那个邻居不值得。（恭喜，你是一个以牙还牙的策略家，保持社区——或者从长远来看全人类——的活力，以防止不友善的人占据上风。）

现在，是时候把这个见解付诸实践了。毫无疑问，你肯定有些想从同事那里得到的东西。给他们一点儿小礼物，比如巧克力。[㊀]这样，你实际上增加了他们对你做出回报的可能性。

你现在已经看到人类是群体性的动物，并且造成这些效应的苍蝇有多么强大。你意识到你可以使用社会信息帮助自己，比如强调许多（或者越来越多的）人已经在做你要求他们做的事情。从现在开始，你可能也会留意生活中的**消极社会信息（negative social proof）**。强调不良行为的普遍性只会在不经意间鼓励这些不良行为的存在，因为这让不良行为完全正常化了，而你知道人们实际上对社会规范有多敏感。希

㊀ 小小的举动可以大大改善办公室的氛围——至少可以让你陶醉在自己的“温情”中。

望你现在也更加理解人们为什么友善或无私：不仅因为这让他们感觉良好，而且生活在一个友善的社会中也有各种好处。此外，被他人认为你很友善会对你的声誉很有帮助。所以，要对世界和他人保持友善。顺便提一下，要注意**道德许可效应**，即当你内心的道德指南针短暂受阻时你可能感受到的“道德停摆”感。另外，关于权威，你现在或许就能看到加强自己权威的契机——例如通过与他人分享你从本章中获得的知识；当然，纯粹出于无私！

时间之蝇总是活在当下

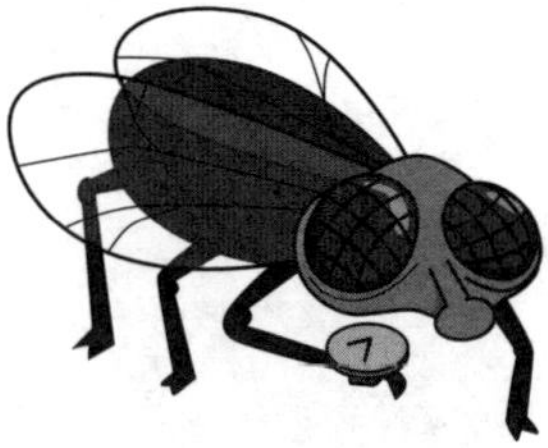

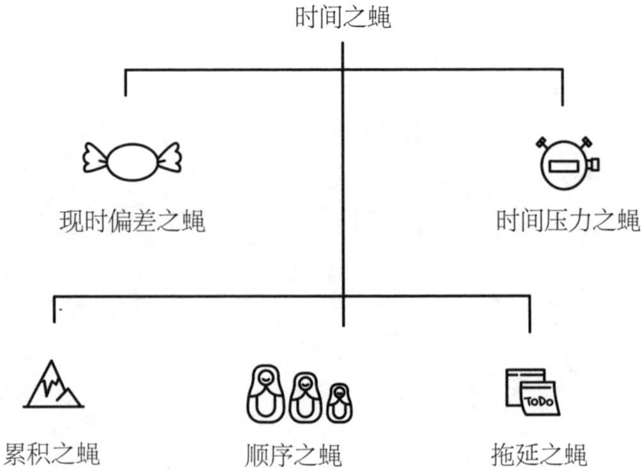
时间之蝇
现时偏差之蝇
时间压力之蝇
累积之蝇
顺序之蝇
拖延之蝇
TODO

第 5 章

时间之蝇

这些苍蝇体型匀称，双腿敏捷，它们接近你的速度远超预期。它们总是发出很响的嗡嗡声，在日常生活中也很常见，经常与它们的亲友群体或与疼痛之蝇一起。在工作场所中、医院中、新年夜和黑色星期五前后，以及在节假日期间，它都常常出没。

实践与管理：在专业人士的帮助下，有计划地开展工作。

每个决策都是一个预测

一切都始于我们的童年。在20世纪最著名的心理实验中，沃尔特·米歇尔（Walter Mischel）给四岁的孩子们提供了一个选择：你想现在得到一个棉花糖，还是等待二十分钟后得到两个棉花糖？[1]孩子们独自留在房间，而棉花糖就在他们的眼前。有些孩子选择对棉花糖置之不理，有的自己转过头去，或者把棉花糖藏起来。[㊀]然而，大多数孩子在一秒内就吃掉了棉花糖。关于这个实验有许多传奇故事，比如米歇尔据此能预测孩子未来的收入，但这些预测目前都已经被证明是不可靠的了。[2]尽管如此，米歇尔的实验确实有一些非常有意义的发现。首先，这些孩子都明白两个棉花糖比一个多，但他们的前额叶尚未发育到足以抵抗即时诱惑的程度。随着前额叶的发育，它会与其他区域建立更多连接，其中就包括海马体中负责“思考未来”的区域[3]；这些连接越强，人们

㊀ 药物成瘾者也会用同样的方法来推迟服药。

就越重视未来的奖励。但即使是完全发育成熟的前额叶，也需要一些技巧来提醒其充分考虑未来。以伊娃为例，她昨天以 35% 的折扣买了一包保质期仅一天的熏鳟鱼，而今天她扔掉了没吃完的一半。对于一个研究食物浪费的经济学家来说，这是相当不成熟的行为，因为她被超市戏弄而购买了自己吃不完的东西。一般来说，当你在超市挑选食物时，你有多确定几天后还想吃它？大多数人有 80% 的把握如果他们选择了某样食物，他们在之后的几天不会想换成其他的。但实验却显示，大约 55% 的人在几天后选择了其他食物。因此，我们可以确定伊娃并不是唯一一个过于乐观的人：她过于相信自己的选择，以至于不愿意多支付一点儿钱（付全价）来保留一天后再吃鳟鱼的权利。而且实验中的参与者也不愿意为保留之后再做决策的权利而付费。研究人员当然不会将此称作“愚蠢”，而是“过于乐观地预测未来的食物偏好”。我们则可以从中获得启示：不要把自己对于未来的预测想得太可靠了。

这一点也适用于我们对主观幸福感（又称“生活中我们所感受到的快乐”）的估计。我们倾向于高估重大生活事件（例如中彩票、去梦想度假地或遭受重病的打击）的影响。[⊖]越是难以想象的大事，我们越倾向于高估其对幸福感的影响程度和持续时间。当你需要接受乳房切除手术时，你显然会

⊖ 也可见第 3 章损失厌恶的部分。

受到影响；但幸运的是，手术完成的几年后，只有一侧乳房的人对自己幸福感的评估与其他人完全相似。[4]

但并非一切都有好的结果。实际上，我们往往低估了日常琐事（清理洗碗机或每日漫长的通勤）所带来的负面影响。[5]简而言之，我们无法准确估计未来的自己对某件事的看法。这使得时间之蝇变得难以摆脱。无论是在丛林中探险还是在超市里购物，你都难以抵抗即时奖励（即使这是个很小的奖励）的诱惑。我们的大脑结构使得它更重视“当下”的奖励（比如棉花糖），而不是未来的奖励。这在进化上是合理的，因为我们的祖先必须抓住一切机会生存，这种行为已深深刻入我们的基因。在大草原上，把现在和未来的奖励视为同等重要对生存无益（因为你不知道自己到底能活多久）。我们大脑中留下的遗传痕迹导致了奇怪的心理偏差：我们拖延不愉快的事情（如很难有意识地存钱），系统性地低估完成任务所需的时间，而我们对假期的评价也受到回程愉悦和顺利程度的影响。现时偏差之蝇是一个难以摆脱的麻烦。

在本章中，我们将向你展示时间本身及我们对时间的感知所引起的一些最显著的效应。我们将讨论……慢着！接下来这段文字的顺序可是会影响你的记忆哦！我们将首先讨论顺序效应，然后再展示所有的坏消息：我们的记忆力非常有限，我们难以预测未来的我们对事物的看法（如伊娃的鳟鱼)，以及决策如何影响我们的生活幸福感。由于我们无法预测未来，我们也会做出糟糕的计划，这个现象在我们感受到压力的情况下甚至更糟。幸运的是，我们可以采取措施，例如调整决策时间、尽可能生动全面地想清楚未来的情景、尽可能用未来的视角看问题。此外，还有许多技巧可以帮助你免受这只时间之蝇的困扰——我们将把这些留到最后，以帮助你更好地记忆。

从头到尾的引导：顺序的影响

建筑师们精心设计建筑物内的行走路线[⊖]，市场营销人员规划超市里的购物路径和网店中的浏览路线。在这些设计中，有时（比如在新冠疫情期间）他们可能会用明确的箭头和路标指引你。更常见的是，他们通过微妙的苍蝇效应来引导你。在慈善机构里，你首先看到的是最高还是最低的捐款金额？为什么你在超市里经常先经过卖蔬菜的货架，然后才是卖零食的货架？为什么著名的蓝黄家具店出口处有廉价冰淇淋？这些都是小小的、故意设计的**顺序效应（order effect）**，它们

⊖ 在伊娃曾经工作过的一栋写字楼里，因为建筑设计的缘故，大家都坐自动扶梯（而不是走楼梯）去健身房。如果你对这类苍蝇感兴趣并且想要在自然中观察它们，我们推荐你去海牙世界贸易中心，那里办公场所、消遣娱乐一应俱全。

对你的选择和商家的销量有重大影响。回想一下我们逛过的超市。无论是哪家超市，我们知道入口处总是蔬菜水果区。大型连锁超市对路线和布局进行了精心研究，并依赖精妙设计的布局获利——通过将蔬果区放置在入口处，更多新鲜产品被售出，因为购物者通常只购买显眼、易取的商品，因此他们的购物篮里装满了新鲜的健康食品。在市场营销领域有一种观点解释了为什么蔬果应放置在篮子底部：那些发亮的胡萝卜让你觉得自己在吃健康食物，所以你对于自己不健康生活方式的任何愧疚都会烟消云散。这样，当你经过薯片和特色啤酒时，你可以毫无负罪感地把它们放进你的篮子里。这种效应被称为**替代性目标实现（vicarious goal fulfilment）**[6]，即你购买的有机苹果（苹果上甚至有时髦的、“有机的”伤痕）“纵容”了你接下来购买薯片的行为。

在 21 世纪初，麦当劳将营销重点转向更健康的产品（例如沙拉和矿泉水），但油腻快餐的销量实际上却增加了，这就是一个顺序效应的佳例（很多人因为购买了健康食品而坚信自己完全有理由也购买油腻快餐）。超市也知道，当你接近收银台时，步伐会加快，这被营销人员称为“结账磁铁”。有些商店试图用凸起的地砖减慢购物车的速度；但通常而言，任由顾客快速地前进也没什么危害——因为你的决策越快做出，你也就越难控制购买冲动。这就是为什么你愿意为收银台上的单根巧克力棒支付更多钱，而不是在糖果区购买同款巧克力棒的五连包。购物结束时的购买冲动与另一个在科学上有争议的概念相关：**自我损耗（ego depletion）**。这个概念背后的假设是，当你已经抵制了许多诱惑（比如多次拒绝购买啤酒）后，你的意志力似乎耗尽了，以致你放纵地购买了高热量的奶酪饼干——可能你的前额叶已经耗尽了大脑的能量预算。英国甚至已经决定禁止在“让人冲动的位置”放置不健康的产品：在超市入口或出口处只允许放置健康的产品，在网店结账前也是如此。当然，零售商会找到新方法从顺序效应中获利。

在社交生活中，顺序效应通常更加强烈。伊娃经常和一个特定的朋友一起外出用餐，他们聚会中的葡萄酒往往让他们记不清上次由谁结账。为了解决这个问题，他们设计了一个看似公平的系统：伊娃抛硬币决定谁结账，正面她付钱，而反面则由朋友付钱。自从引入这个系统以来，她已经连续七次结账；朋友非常高兴，但伊娃却对她朋友拿她的霉运开玩笑非常不满。通常而言，愤怒会导致人们冒更大的险[7]——伊娃确实建议他们下次去一个更贵的餐厅。这实际上是一个赌场经常使用的老把戏：它们会诱惑参与者一直加倍赌注，以期赚回本金。

伊娃并不是唯一一个在失利后加大赌注的人。除了愤怒，输掉比赛也可能促使你提高赌注，即使那个赌注本身可能无法弥补你的损失。瑞士经济学家托马斯·布瑟（Thomas Buser）通过学生参与的数学竞赛证明了这一点：他告诉三分之一的参与者他们赢了，告诉三分之一的参与者他们输了，剩余三分之一的参与者则对竞赛结果毫不知情。在随后的游戏中，被告知失利的男性的冒险程度高于平均水平，他们在剩余游戏中的平均收入相比于平均水平要低 20%。这一效应并没有显示在女性参与者中：在输掉竞赛后，她们实际上承担了更小的风险，因此遭受的损失也相对较小。[8]

男女之间的区别（嗯，之一）

相较于男性，女性在已经亏损或输掉之后更不愿意冒险。伊娃是个例外，她曾因此损失了一大笔钱。她自欺欺人地认为自己的竞争天性在多数情况下是有利的。确实，在很多情况下，比如要求加薪时，冒险是有利的。那么，为什么女性通常比男性更回避风险呢？

一个可能的原因是自我实现的预言。在扔硬币时，最终结果是正面还是反面显然是完全随机的，但如果伊娃认为自己“不擅长”抛硬币呢？这种想法对合理做出是否冒险的决定有灾难性的影响。女性更容易有这种自我实现预言的观念：在竞争环境中，相比男性，她们更可能将结果归因于自身的失败，而非运气不佳或者稍欠努力（换句话说，第1章中的归因之蝇对女性影响较小）。结果就是，在有风险的事情上，她们愿意投入的成本更少，在亏损或输掉后的表现也更差。[9]

但究竟是什么让女性更不愿承担风险仍然有待科学家的探索。脸书前首席运营官谢丽尔·桑德伯格（Sheryl Sandberg）曾鼓励女性“迈出一步”（Lean In!）。可能是不同的激素反应导致了男女之间的差异——赢得比赛后，赢家（无论男女）的睾酮水平会比输家有更大程度的上升，[10] 而睾酮——这种在男性体内含量显著更高的激素——也会导致更多的冒险行为。当然也有些人在输掉比赛后睾酮水平反而有更明显的上升，这也会导致他们做出更多冒险行为。曾经的伊娃就是这样。[11] 伊娃从这次经历中学到了重要一课：在有机会对赌时就去对赌，但在输掉后，要三思而后行，看看是否真的需要提高赌注。

即使在没有胜负之争的情况下，顺序之蝇也可能具有生死攸关的重要性。这种重要性源于决策疲劳。法庭在一天中的什么时间审理某个案件可能会决定嫌疑人最终的生死命运。无论是去看家庭医生、出庭或是去大医院，选择将这些安排放在早上都会使得你有更多的机会被体贴对待。在工作日快结束时，医护人员勤洗手的可能性更低[12]，医生更有可能开出无效的抗生素[13]，法官在判案时也可能更加严厉[14]。虽然时间的影响可能不会非常巨大，但考虑到这些因素，我们仍然建议你将最重要的事项安排在一天的开始。

你的记忆如何一直让你失败

你可能觉得你的记忆如同一个储存着大量信息的硬盘，但实际上你正不断地重构你的记忆。这为苍蝇效应创造了巨大的机会。例如，你可以通过刻意让假期在高潮中结束来创造更美好的回忆。想想你上次感冒的时候：你神志不清地度过了你发烧的那几天，因为这些日子非常相似，康复以后你可能只会记得那浑浑噩噩的几天中的某一瞬间。很可能你记得的是最后那段时间，那时你已经恢复了很多。你甚至在即将恢复的那个下午打了个盹，也许看了些电视剧，喝了点鸡汤，所以一切都很美好。这个现象被丹尼尔·卡尼曼深入研究过。他观察到接受结肠镜检查（一种不舒服、可怕和痛苦的过程）的患者不怎么能记得检查持续了多长时间，而他们事后评判自己在检查过程中的不愉快程度也并不与整个流程中他们所感受到的平均不适感或检查持续时间相对应，而是由最不愉快的峰值和结束时刻所决定。他将这个现象称为**“峰终定律”（peak-end rule）**[15]。此后，医生们已经学会在检查的最后几分钟内让器械静止，虽然这可能延长检查时间，但不再让人们感觉非常不舒服了。自采用了这一流程之后，患者对这一检查的评价大幅度提高。

随着年龄的增长（或者新鲜事物的减少——想象一下疫情封控期间大多数人在家工作的情形），时间似乎流逝得更快，这一现象背后有其生理上的原因。心理上的时间感受是由传入大脑的一系列感官信息构成的。随着年龄的增长，这些感官处理信息的速度逐渐放缓，比如眼动的次数减少了。[16]此外，我们倾向于根据情境调整自己的感受和期望，而这也适用于我们的感官：由于鼻子的脱敏作用，一段时间后你就无法闻到自己使用的防臭剂的味道了。蒂姆对商业广告中用来形容这一现象的术语“气味盲”（odour blindness）特别感兴趣：如果周围环境长时间没有显著变化，人们便会存储更少的记忆，从而感觉时间过得更快。

现在你已经意识到了我们的记忆是多么不可靠，对于我们同样不可靠的预测能力可能也就不会感到惊讶了。我们通常会根据对过去类似事件的记忆来预测未来的某个事件，并将其投射到当前的情境中。一次又一次地，蒂姆已经非常确信他自己的黑胶唱片收藏已经是真正意义上的完整无缺了，而他一次又一次地失望。你可能也会在自己的生活中找到类似的例子。人们在预测自己在不同情境下的感受和行为方面特别不擅长，这被称为**“冷/热共情鸿沟”(hot/cold empathy gap)**。“热”代表兴奋、期待和热切的心境，而“冷”则是相反的，代表缺乏兴奋的心境。当你刚吃完午饭不再渴望食物时，你可能会完全相信自己今晚能够远离零食。然而，仅仅几个小时后……

想象一下……

你对特定情境的情感共鸣越准确，你就越能准确预测自己的行为。想象一下你计划明天要做的事情(比如滑冰)。当你明天早上醒来，发现天色尚暗、寒风刺骨，你突然意识到要骑很久的自行车去那个冰冷的湖上。试着回想前一晚的一系列事件。你能确定自己不会贪睡错过闹钟吗？你将如何抵达湖边？如果你的朋友临时爽约，你会联系谁？最重要的是：到达那里时，你会感受到什么？或许是在冰上起步时晃晃悠悠的感觉、你的速度、在寒风中干裂的嘴唇，还有冰面的裂痕。当你生动地想象自己到达目的地时的兴奋感和可能遇到的障碍时，你就能更好地规划，并提高实现目标的可能性。

提升预测能力的关键在于认识到特定情境的影响。前心理学和市场营销学教授西奥迪尼（Cialdini）[17]——这位对众多人产生深远影响的人物，曾说自己身上有两种作家：一个优秀的作家和一个学术作家。他最著名的著作《影响力》（*Influence:The Psychology of Persuasion*）部分是在学校办公室完成的，部分是在家中完成的。在学校，他写下了这样的开头："我的学术研究领域——实验社会心理学，主要研究社会影响的产生过程。"诚然，这是一个相当不错的开头。但当他回到家中，重新阅读开头这句话时，他将其改为："我现在可以坦白了，我这一辈子，一直是个容易上当的家伙。"他所处的环境（在两个地方之间交替写作）对这位影响力大师的心态产生了巨大影响，以至于书中掺杂着截然不同的两种声音。[㊀]然而，他在校对之前并未意识到这一点。

没有时间，没有金钱，很多压力

消费能力受限的人们有时会采取一些看似不合理的行为。他们购买刮刮卡和彩票，存款不足而借款过多；不幸的是，所有这些习惯最终都会导致更少的金钱。人们很容易将这归咎于"贫穷者的天性"，认为这是个人特质而非教育或社会环

㊀ 正如你所猜测的，蒂姆和伊娃主要在家中写作。

境的影响。这是一个巨大的误解：贫困不是糟糕决策的结果，而反倒是它们的原因。众多研究显示，短期贫困会影响决策能力——幸运的是，这种影响是暂时的。它引发了一种特殊的心态，吸引了那只名叫“现时偏差”的苍蝇。几年前对印度农民的研究便证实了这一点。他们每年能丰收两次，因此收入也仅有两轮。每个季节结束时，这些农民们在智力测试中的得分都要远低于丰收后的得分；贫困对智力测试的影响与熬夜一晚上的影响大致相同，而刚刚领到工资的人往往能比勉强度日的人做出更明智的决策。[1]

你可能会认为印度农民的情况与你大相径庭。然而，任何突然面临经济困难的人都可能做出短视的决策。这种心态可能由缺钱或缺时间引发，因为这两者的影响非常相似。换句话说，大公司总裁处理紧迫工作的方式，与贫困者面对还款期限的方式一样不甚理想。

时间就是金钱?

当然，但一个小时的时间究竟值多少钱呢？这因人而异。一位公司总裁在救助站做一小时志愿者，其背后的象征价值要远超过他在这一小时里的实际付出。

[1] 给学生的小建议：向父母解释这个理论，这样会让他们愿意在你考试之前给你钱。

尽管一个小时的价值因人而异，但大多数人在一生中拥有的总时间量却是大致相同的。通过分析一家出租车服务公司的1 400万次乘车记录，研究人员能够非常准确地算出人们为了让出租车更快到达目的地愿意额外花费多少：他们在预计到达时间上随机增加0、60、150和240秒，并观察顾客是否愿意支付一定价格而乘坐更快达到的出租车。通过这种方式，他们计算出了人们对自己时间的估值。这一估值对许多事情有重大意义：政府会利用这些数据来决定投入多少资金于公共交通，以及一年内经济的预期增长。这项研究证明，平均而言，美国人平均愿意支付19美元来节省一个小时的时间，[18] 大约是平均时薪的75%。平均而言，你在阅读这本书的时间上已经花费了约100欧元——这是否物有所值呢？

为了系统性地比较截止日期所带来的压力和金钱所带来的压力，研究者必须创造虚拟的压力环境。行为研究者是有创造力的“折磨者”：他们让学生们参与游戏，其中一部分学生被邀请参与的回合数较少。学生们所玩的游戏有点类似于《愤怒的小鸟》，玩家必须用弹弓和炸弹来摧毁一堆猪。在这些游戏中，“富有”的学生获得额外的五次射击机会。通过这种设置，研究人员首次发现，贫困对思维能力有负面影响。与“富有”的学生相比，“贫穷”的学生在瞄准目标时花费了更多时间，结果是他们更频繁地击中目标。

然而，好消息到此为止。一旦“贫穷”的学生有机会从下一轮“借”额外的回合数，他们就失去了原本较高的得分。“借”一个额外的回合需要付出下一轮两个回合的代价，相当于 100% 的利息。尽管代价高昂，“贫穷”的学生“借”的回合竟比“富有”的学生多 12 倍，这也导致了他们蒙受巨大的损失。研究人员认为，这是因为“贫穷”的学生过分专注于当前回合，缺乏对未来的远见。

如果参与者被要求在更短的时间内回答问题，而不是减少回合数，会发生什么呢？在另一个游戏中，参与者需要回答诸如“最常被人带去野餐的食物是什么？”之类的问题，而他们在回答的同时也能够看到接下来几轮会出现的问题。在这个游戏中，被给予更长思考时间的人表现更佳，因为他们能看到那些有助于回答未来几轮问题的线索。“贫穷”的人在时间压力下几乎完全没有注意到这些提示，他们甚至“挪用”了未来的思考时间来更认真地思考当前问题，但收效甚微。显然，缺乏时间对他们的影响与缺乏金钱类似。[19]

简而言之，无论是缺乏金钱还是时间，都会使人们对当前事件的紧迫性过分关注，而忽视了看似不那么紧迫的未来事件。这就是为什么压力之下（无论这是由于需要抓紧支付账单还是赶截止日期而奋斗），人们都会陷入相同的误区。[20]

保护我们免受自身伤害?

设想你的伴侣参与了我们刚才提及的游戏，而你则担任游戏主持人。如果你的伴侣想要从下一轮中挪用一些时间提前至本轮使用，而你完全知道这将带来严重后果，你将如何应对？

选项一：禁止他这么做

选项二：劝告他不要这么做

选项三：把你的伴侣分配到没有那个挪用选项的小组

许多人可能都会认为第三个选项最为合理。现在，设想一下把这个理念扩展至整个社会。如果你是一位政治家，你敢于公开呼吁禁止闪电贷吗？提供这些容易获得且价格昂贵的短期贷款的机构常常认为人们能够自行判断利弊：如果有人想要贷款，他们必定已经经过深思熟虑。但我们现在知道，缺钱的人往往会做出不明智的决策。正如你希望保护自己的伴侣免受坏影响一样，你或许也会希望为他人提供同等的保护。至少，你会希望警示人们，保护他们免受自身的伤害。因此，已有大量实验测试了对闪电贷的警示文案的效果。

2 000个提供高利率贷款的网站已经发布了警示："请注意，借钱本身是需要花钱的。"你或许也能猜到，这对解决问题能有多大帮助。[一]

是时候提出解决方案了

迫切的截止日期往往会带来压力，而正如我们刚刚所讨论的那样，这些压力会促使我们做出糟糕的决策。幸运的是，你可以对此采取一些措施，比如在截止日期前制订（妥当或不妥当的）计划。合理的时间安排能产生巨大的苍蝇效应。例如，人们在年龄以9结尾时更倾向于改变自己的行为。[二]如果你想推销环球旅行或教育项目，这个知识点非常有用——9到下一个10的过渡似乎具有某种神奇的效果。这种魔力同样适用于截止日期。当截止日期跨过了某个特定节点，例如每个月的开始和结束或每年的开始和结束，人们会感觉它很遥远。在一项研究中，研究者们询问了来自加拿大的学生他们何时开始执行一项任务。对于那些任务截止日期在下个月的参与者来说，他们开始执行任务的时间比截止日期在同一月

㊀ 根据金融市场管理局（Financial Markets Authority）2016年的详细报告《信贷警示的有效性》（*Effectiveness Credit Alert*），这些警示根本没有作用。

㊁ 当然，伊娃39岁开始写这本书与这一现象毫无关系。

份的参与者晚得多。[21]这种拖延现象不仅在加拿大的学生中普遍存在，印度的农民也有这种倾向。[⊖]研究者们向他们提供了为子女教育存钱的机会：如果他们在六个月内存够了一定数额的卢比，就可以获得奖金。结果显示，最终成功获得奖金的并非最愿意为子女投资的那群人。实际上，成功获得奖金的关键在于存钱的截止日期是在年底之前还是之后。从 6 月份开始存钱（截止日期：12 月 1 日）的印度农民中有 28% 的人成功地存够了钱，获得了奖金；从 7 月份开始存钱（截止日期：次年 1 月 1 日）的人中只有 4% 的人成功得到了奖金。为什么当某件事似乎越来越近时，我们会更快地开始行动？这是因为越是事到临头，我们就越能想象出具体的行动方案。从“打算去安排事情”到具体的“我要列个清单”，这一步确保了人们实际上开始了任务。因此，为了迈出这一步，重要的是确保心中的任务起止时间没有跨过任何特定的时间节点。如果你已经下定了决心，最好在一个时间节点之后立即开始，因为这似乎增加了你最终的成功机会。

⊖ 你可能想知道为什么这些科学家一直提到这些印度农民。部分是出于商业考虑：对印度农民做调查相对而言比拿加拿大学生当调查对象更便宜。但另一部分原因则并不带有世俗色彩。2019 年诺贝尔经济学奖得主之一塞德希尔·穆来纳（Sendhil Mullainathan），是麻省理工学院贾米尔扶贫行动实验室（MIT Jameel Poverty Action Lab）的创始人，他更倾向于进行对社会有益的研究——比如研究苍蝇如何帮助世界上的贫困人群。

使用单调的日程表更可能获得成功

成功更多取决于你是否能完成任务，而不是你多聪明。如果你想让某事具体化，不妨在日记本中为这件事的截止日期涂上颜色，并将截止日期之前的所有日期都涂上同样的颜色。许多日记本会采用两种颜色：比如单双周使用不同的颜色，或者周末和工作日使用不同颜色。颜色上的差异会引起人们对时间节点的感知，而这又会促使他们使用抽象的概念，比如写下“锻炼强健的体魄”而不是“明天早上跑五公里”。因此，购买或使用一本单色的日记本会更好；这样可以创造一种统一感，让截止日期看起来更近，促使你更快行动。

现在，你可能认为自己对时间之蝇已经有了深刻了解，再也不会被它欺骗了。不幸的是，营销人员也对它非常熟悉。年轻的母亲在生完孩子后突然更换洗衣液品牌的事可能不足为奇，但你知道年轻父亲更可能更换啤酒品牌吗？所谓的生活事件是关于人们购买行为的重要预测因素。反过来也是如此：营销分析专员可以利用他们的算法从看似无害的购买行为中推断出各种信息。信用卡公司可能会对某人在夜店连夜大量消费感到警觉：他们认为这意味着离婚的来临，进而可能导致财务问题，于是会降低此人的信用额度。当这类情况被报道出来时，会让听众和读者感觉非常痛苦，就像那个通过超市的特别优惠邮件发现女友怀孕的故事一样。算法无所不知：购物篮里不再有葡萄酒，而是某种维生素？这意味着你作为父母的“客户旅程”可能已经开始，商家的获利空间也随之产生。（在英国，营销人员现在也知道窥探和推测生活事件会让人感到不舒服，所以他们确保个性化推送的优惠中也包含一些不相关的产品，比如精选的威士忌。这是一只聪明的苍蝇，给人提供了一种隐私受到保护的错觉。）

政策制定者也越来越关注生活事件的影响。想象一下一位年轻的荷兰父亲桑德尔。桑德尔的孩子刚刚出生，他每周只喝一杯精酿啤酒，四点钟就去托儿所接孩子回家。可当他回到家后，他发现妻子和邻居一起躺在他的床上。政府机构会怎样看待这一生活事件呢？桑德尔可能会申请离婚、更改他的按揭贷款并申请离婚赡养费。可以想象，在情绪波动和时间紧张的情况下，他可能会忘记通知税务局他现在仅需要相对少量的育儿津贴了。虽然这是一个小错误，但他可能会受到严厉的惩罚。这是一个发生在 2020 年的真实案例：许多荷兰法规都假设公民具有系统性思维和足够的认知资源来遵守这些规定。但对于像桑德尔这样的人来说，这种假设可能暂时并不适用。因此，在那之后的新的政府计划都需要经过可行性测试。每个新计划都会被仔细核查，以确定人们需要提交多少数据、是否需要有意地做某些事情，以及他们无意中忽略这些事情的后果是什么。这是一个很大的改进，毕竟对我们大多数人来说，即使没有重大的生活事件，我们也很可能会忘记事情。

政府有时也会利用这只时间之蝇。很久以前，荷兰税务服务机构就已经会在发出的信封上粘贴一个小便条，上面写着“您能在十天内回复吗？谢谢 ——丽莎”。由于这张额外的手写便条提到了一个接近的、具体的日期（十天），那些通常会迟交的人现在平均提前五天提交了他们的税务申报。这使税务管理部门免于拨打大量催缴电话。从此之后，家庭医生、牙医和理发师也发现了使用这种提醒便条的妙处。

注意你的措辞

除了发送提醒邮件之外，还有其他方法可以用来提醒人们及时完成某项任务：选择合适的措辞就是其中之一。从心理学角度来看，如果使用强调未来的词语，未来就会显得更加遥远。在荷兰语中，我们会说“Getver, morgen regent het weer”。这句话的字面意思是“Yikes, tomorrow it rains again”（天哪，明天又要下雨了）。在英语中，这样的表达方式行不通，因为“rains”是现在时态，你应该说：“Yikes, tomorrow it will rain again”（天哪，明天将又要下雨了）。也就是在我们和未来的距离之间加上“will”（将）这个词。知道了这一点后，你认为荷兰人还是英国人更擅长储蓄、退休时更富裕、抽烟更少、性行为更安全、体重更理想？你猜对了：荷兰人！平均而言，那些在语言中将未来推迟的人对他们自己未来的关注度也较低。[22] 研究者们甚至在意大利北部梅拉诺（Merano）同一班级中的孩子们中也发现了这样的差异：说德语（德语中更少出现未来时）的孩子在棉花糖测试中的表现比说意大利语的孩子更好。因此，如果你决心完成某件事，最好避免使用“will”（将）这个词。

拖延带来痛苦

《宋飞正传》早已指出，对大多数人而言，月底听起来就像是时间的尽头。你听说过**现时偏差（present bias）**或**双曲贴现（hyperbolic discounting）**吗？这两个术语描述了一个你可能颇为熟悉的现象：在你的大脑中，未来的自己仿佛是个陌生人，甚至像个虚构角色。尽管你知道那是自己，但你感觉与之并无太大关联。当蒂姆再次文上色彩斑斓的文身时，他给老年的自己增添了负担。当伊娃将截止日期推迟时，她也遇到了同样的问题。你可能也在强迫自己为退休存钱或开始偿还房贷时遇到困难。短期内的（情感上的）小回报可能引发巨大的连锁反应。

关于棉花糖实验，不耐烦的人可能会想：我现在就要这颗糖，而不是五分钟后的两颗。然而，如果你问同样的人，他们是愿意一个月后得到一颗糖，还是一个月后再过五分钟得到两颗糖，即使是再不耐烦的人也会选择后者。但当你一个月后再次提供这些糖时，苍蝇再次取胜，同样的一批人能够抵制住五分钟不吃那颗糖的概率极低。他们过去的自我显然误判了未来的自我，或至少高估了他们未来自我的自控力。

当涉及愉快的事情时，我们是相当不耐烦的：我希望订购的书今天送达，甚至愿意为此额外支付 1 欧元。而当涉及困难任务时，人们更倾向于**拖延（procrastination）**：我打算明天把空瓶子带到回收箱，明天晚上处理行政工作，后天给狗修剪指甲。这两种特质——不耐烦和拖延倾向——是相互关联的。这看似矛盾：初看之下，拖延的人似乎更有耐心。测量一个人的不耐烦程度相对容易：想想棉花糖实验吧，在一群学生中进行同样的实验，不过这次让我们用现金代替糖果；这些学生可以选择立即得到一笔现金，或两周后得到稍多的金额。65% 的人宁愿立即获得金额，而不愿多等待两周去获取额外的 2% 利息，甚至有些人不愿意为了两周后的 12% 利息而等待。后一组人，也就是那些“我现在就想要”类型的人们，好巧不巧正是在递交大学的学年申请材料时最晚提交的那一批人。实验并没有就此结束。研究者还在领取实验酬劳的程序中设下了陷阱。参加实验的学生并没有收到现金作为酬劳，而是收到了一张支票（支票在很多国家已经不再盛行了，但在美国仍然十分常见）。这种支付方式使得研究者可以追踪实验参与者兑现支票的时间。实验的结果让人发笑：那些不愿意等待利息而迫不及待地选择现金的学生，实际上却拖延了更久才来领取这笔钱。[23]

因此，拖延不仅仅是一个孤立的坏习惯，它还与不耐烦密切相关。这在某种程度上是合理的：即时的满足感（立即查看推特动态，立刻获得金钱）比长期目标（写一本书，积累利息）更为重要。时间的飞逝再次发挥了作用。

幸运的是，你可以采取一些措施来应对自己的拖延：比如你可以为自己设定长期目标。在某些网站上，你可以设定自己未来的目标（戒烟、学习弹钢琴），并确保目标设定得足够清晰，以便非常简单地判断目标是否完成，你可以同时再押上一笔钱：如果未来你真的拖延了，你的钱将被捐赠给慈善机构（为了增加赌注，你甚至可以选择一个你之前不太熟悉和关心的慈善机构）。如果你勤勉负责地完成了这个目标，你可以要求退回这笔押金。但请小心务必记得立即取回这笔押金。

为不运动付款

现在，谁会真的对自己承诺“为不运动而付款”呢？根据一篇标题为《为不去健身房付款》（Paying not to go to the gym）的著名文章[24]，确实存在不同类型的人会做出这样的神奇选择。自然而然地，健身房会提供多种多样的会员套餐，以满足不同类型会员的需求。

（1）理性的类型：他们计算出未来自己会多频繁地去健身，选择最便宜的订阅方案并相应地进行锻炼。

（2）接下来是那些对未来的自己稍有了解的人，他们会在每年开始时的1月1日购买全年会员，以此强迫自己去健身房。

（3）还有更为天真的类型：他们认为未来的自己每个月会去健身房9次，因此购买了“无限次”年卡。实际上，他们每月平均只去4次健身房，平均每次花费17美元；而如果他们选择每次购买一张单次入场券，每次只需花费10美元。

（4）或者他们可能是更高级的天真者：他们选择购买了自动续费的按月扣费套餐，担心自己会成为第三种类型的人；但他们每月都忘记取消订阅，结果花费的钱甚至比上面的第三种人还多。

幸运的是，有不同的解决方案可以避免这种愚蠢的浪费行为。请选择你认为最有效的一个（在所有方案之后你会找到正确答案）：

方案一：让别人支付我去健身房的费用。

方案二：购买“健身承诺”，这是由哈佛大学的学生设计的应对方案，如果你一周不去健身房，你就要付钱给这些人。

方案三：实施**“诱惑绑定”（temptation bundling）**策略，把我的《哈利·波特》有声书放在健身房的储物柜里。

结果表明最有效的方案是第三个。行为科学家凯蒂·米尔科曼（Katy Milkman）在她自己和一大群学生身上进行了实验，测试了“诱惑绑定”这个概念。她的文章标题为《<饥饿游戏>在健身房等着被解救》。那些将有趣的事物与健身房进行专门绑定的学生，健身频率增加了 50%，甚至愿意额外付费，让自己喜欢的书籍成为“人质”。[1]

[1] 经济学家伊娃看到了商机，而广告专家蒂姆则推荐有声书《苍蝇效应》。

让这只苍蝇为你所用

在没有时光机的情况下，有一种有用的技巧可以产生正面的苍蝇效应：**承诺（commitment）**。你需要准确掌握其运用方法。其核心是一个人人都能认识到的问题：我们可能会缺乏毅力。无论是学生还是小企业的经营者，人们通常不如他们想象中工作得那么努力，这也被称为回避学习或者回避工作行为。今天，你可能需要完成一项工作，但你却被社交媒体上一个更有趣的帖子所吸引——没关系，明天你肯定会完成那项工作。不幸的是，明天社交软件依然存在，而且你本应在明天完成其他工作。如果你为老板工作，这种拖延行为会产生更严重的后果。你不仅会十分匆忙地完成工作，还可能会承担失去加薪或奖金的风险。

三位经济学家证明了这个问题是可以解决的。工人（在这个例子中，124 名印度数据录入工）的拖延行为受到薪酬支付的时间和方式的影响。更重要的是，这些工人意识到了自己的拖延，并且愿意采取措施来解决这个问题。[25] 工人每完成一个字段的数据录入，会获得标准的 0.03 卢比报酬（相当于 0.000 4 欧元——他们平均每天挣约 3 欧元）。在为期 11 个月的实验过程中，他们每天都可以选择是否给自己设定一个目标。如果选择设定目标，且成功填写至少 4 000 个数据字段，他们将顺利获得每个数据字段 0.03 卢比的报酬；但如果数量少于 4 000 个，则只能获得每个数据字段 0.015 卢比的报酬。客观上看，设定目标似乎是一个不明智的选择。然而，目标设定可能会让未来懒惰的自己多努力一些。实验结果显示，工人们的发薪日期对他们的打字速度有显著影响：工人们在发薪日的工作量比平时增加了 7%，甚至有人在那一天增加了 20% 的工作量。虽然也有人为工作投入了相同的精力；平均而言，工作动力在接近薪酬发放时有所提高。很明显，人们同样意识到了自己的弱点。在 35% 的日子里，他们给自己设定了目标，只是为了保持持续录入数据的动力。这似乎很不明智，但实际上这些打字员很了解自己：由于设定了目标，他们开始更加努力地工作，最终比那些没有设定目标的同事多赚了 2% 的钱。与此同时，他们的表现也让雇主感到满意。

在家试试！

如果您是一位教师或者希望让一群人完成某项任务，可以尝试以下方法。

第一步：询问谁计划完成家庭作业。

第二步：向计划完成家庭作业的人确认他们是否决心完成作业。

第三步：要求他们做出承诺，如果他们没有遵守承诺，就需要支付一欧元或者扣一分。

第四步：向他们展示上一年的考试结果——即使做出承诺的那一组可能因为没遵守承诺而被扣一分，但他们的最终成绩总是更高。

第五步：再次询问谁计划完成家庭作业，并拍下举手的人的照片。

这样做可以确保更多学生按时完成家庭作业，学生们也会得到更好的成绩！[26]

因此，这种自我设定的承诺是一种让雇主和员工更加幸福（或至少略微更富裕）的方式。许多政府都怀有这样的雄心壮志。接下来我们要讨论的研究让“助推”（nudge）一词变得知名，它同样处理了和苍蝇效应相关的问题，并使得大约1 500万人变得更富有，也许还更幸福——你也可以在自己的日常生活中运用这些技术。

《助推》(*Nudge*) 一书描述了让它的作者理查德·塞勒声名大噪的“明天储蓄更多”（Save more tomorrow）养老金储蓄项目。每次加薪时，他都会为员工选择稍微多储蓄一些退休金的选项。请注意，虽然听起来平淡无奇，但这个计划使许多人的退休金储蓄比以往多得多。最重要的是，你也可以在自己的储蓄账户上采取同样的做法，因为它同时克服了至少三个苍蝇效应：你避免了现在的自己失去某些东西的感觉，因为伴随职业生涯的发展，你总是会获得一些加薪；通过要求自己在三年后做某事，你避免了“我现在就想要”的感觉，因为你把更多钱投入了储蓄，从未来的自己那里获得金钱；最后，除非你费力去银行修改储蓄方案，你现在做出的承诺都会让你一直坚持下去。当然，你永远有去银行修改储蓄选项的权利……但是未来的你自己可能会将这一行动推迟到明天。

拿起你的苍蝇拍！

在这一章中，你了解了由时间和事物发生的顺序引起的苍蝇效应。你可能还学到了一些很酷的科学术语。下次你迟到时，只需要说：“抱歉，我受到了巨大的**双曲贴现**的影响！”从现在开始，你可能会避免在无比放松的假期的最后一天做不喜欢的琐事，因为你知道根据**峰终定律**，这会破坏你对整个假期的美好记忆。幸运的是，你可以采取一些措施来对抗顺序效应、商家对时间点的利用，以及自己的拖延动机，从而有效管理自己的生活。本章的苍蝇拍分为两类：改变外部世界的某些设置，或改变你对未来的看法。

第一类是数据录入员所采取的措施：做出**承诺**，或将未来的自我与某些外部物品（如奖金）绑定。健身房的用户也做出了承诺：他们将愉快的事物（有声读物）与有益的事物（健身）紧密地联系在一起。政府创造了“自动增加存款金额”的新选择。所有这些措施中最有效的就是为未来的自己设置“陷阱”：例如，一个在四分钟后自动关闭推特的应用程序（伊娃不需要这样的应用程序，因为她的孩子总是在四分钟内打扰她）。

对抗时间之蝇的更温和的干预方法则侧重于改变你对情况的感知，而非改变外部世界。首先选择适合做决策的时刻——如果你感到饥饿，就不要去购物；如果你感到压力很大，就绝对不要依赖你的意志力。一个“新鲜”的时刻效果更好：比如新的月份、新的电脑、新的朋友。你对未来目标的设想越具体，它就越可能实现。记忆越生动，你就越愿意为重复这种体验而付出行动——生动的记忆让你觉得这种体验离你很近。记住我们的记忆有多差。（就像我们在“你的记忆如何一直让你失败”中解释的那样。不记得了？所以你更需要记住我们的记忆有多差！）因此，尽可能感性地、具体地想象未来的好处，会有所裨益。㊀

同样要记得仔细考虑可能影响你良好愿望的因素。这被

㊀ 你是否想到了《秘密》（*The Secret*）这本书？那么是否是时候反省自己读了太多半科学的心灵励志书了呢？

称为**执行意图**（**implementation intentions**），即以“如果－那么”的形式制订计划，并考虑各种变数下的对策。如果你想具体化你的目标，我们可以向你提供一些建议。假设你几个月前就开始考虑不再自动续订铁路月票，那你可以通过这些步骤来实现你的愿望：

（1）在一封给自己的电子邮件中，写下这件事的好处——记得要具体（每月节省 105 欧元）。

（2）考虑你将如何以及何时处理这个问题（今晚，登录国家铁路局网站）。

（3）想象可能出现的问题（找不到密码）。

（4）写下如果发生这种情况你会怎么做（请求找回密码）。

（5）专业提示：避免使用将来时！⊖

许多解决方案在与社会压力结合时有最好的效果。当你公开做出承诺时，承诺的效果更好。想想奥德赛：他把自己绑在船的桅杆上，以抵制海妖的诱惑；他给船员们的耳朵塞上了蜡，使他们听不到他软弱时的哀求。虽然这可能有些极端，但如果你想整晚专心学习，你可以要求朋友们屏蔽你的电话号码。如果你开餐厅的话，顺序效应也可以为你的利益服务：餐厅买十送一的集点卡上通常已经盖上了一次购

⊖ 所以将计划写成“星期一：取消我的铁路月票”，而不是“我将要取消我的铁路月票”。

买的印章。在有关未来的计划中也要这样做：确保你已经骑自行车上班了两次。毕竟，无法完成“连胜”很让人遗憾，这让你感觉像是失去了什么。那么你还在等什么呢？现在，立即翻开下一页，继续阅读第6章，保持你的阅读连胜吧！

引诱之蝇总是
让你无法抗拒。

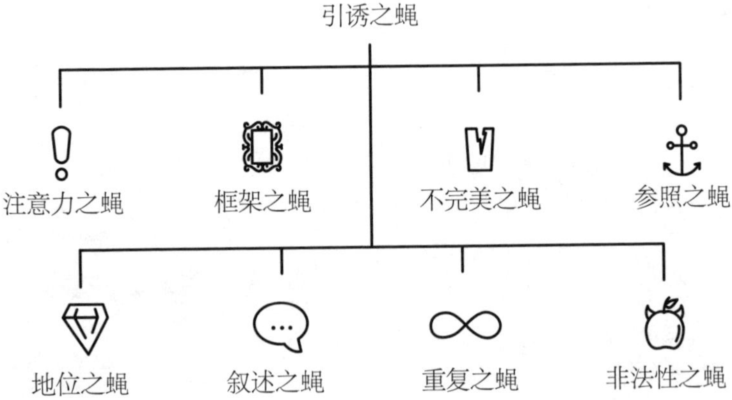

第 6 章

引诱之蝇

这种蝇属于一类常见的品种，其活动领域涵盖广泛，从豪华品牌到极耗时间的应用软件无所不包。广告界、公关行业以及约会指导师成功地将其驯化；它也被戏称为“变色蝇”，以突出其多变的外表特质。虽然它或许是苍蝇中最为引人注目的一种，人们却常常低估了这一品种所潜藏的破坏力。

你是否观看过经典电影《木兰花》(*Magnolia*)？影片中，汤姆·克鲁斯（Tom Cruise）扮演一名约会指导师，他高价教授一群孤单、不自信的男性如何吸引异性。这个角色令人极度反感，极度讨厌。遗憾的是，这样的人物在现实中确实存在：他们往往被称为“PUA”者或“搭讪艺术家”（Pick-up Artists)，所教授的“课程”是一门杂糅了心理学、魔术手法、科学知识和流行励志语录的“学问”。你可能会产生疑惑：这一切到底合法吗？这怎么可能呢？进而质疑其有效性。这些所谓的“课程”是否仅仅是一出精心设计的骗局，还是说吸引力真的可以通过学习来获得？

事实上，虽然我们在此希望揭露这类精心设计的骗局，这些“课程”在一定程度上却确有其效。这在很大程度上可能要归功于特定的目标受众：如果一个人在聆听这些演讲前极度害怕邀请他人约会，他的社交自信程度已经到达谷底，那么他的社交技能无论如何都只可能提升。即使刨除这一因素，这些“课程”中所涉及的技巧也看似确实有一定的效果。

那么这是如何实现的呢？作家尼尔·斯特劳斯（Neil Strauss）同样有此疑问。在他的著作《游戏》（*The Game*）中，他探究了这一现象，并逐渐深入其中，最终甚至自己也成了一名搭讪指导，教男性“如何给女士留下深刻的印象”。[㊀]他们运用了幻术师和占星家的技巧，分发廉价的饰品，同时编织像“这件首饰原属于我已故的母亲”这样的假故事。在这里和大家分享他们最引人注目的一个妙计：斯特劳斯和他的“学生”们将烘干机产生的绒毛装在口袋里去洛杉矶的夜店。一旦他们发现了一名吸引人的女性，就假装从她的衣物上拨下一团绒毛。斯特劳斯解释了这种策略为何有效：这名女性会因此短暂地感到不安，觉得自己整夜都带着这团绒毛走来走去，十分尴尬。而搭讪艺术家们就借此机会进行了第一次身体接触，并为她排除了这个障碍。作为读者，你可能已经识破了这里的情节。这些搭讪艺术家实际上作为“养蝇人”培养了这样一群“苍蝇”：它们让某个人（譬如这里的“养蝇人”），显得更具吸引力。

在引诱之蝇的家族中，你会找到一种让你觉得某样物品或某个人与你高度契合的苍蝇，你也会遇到那些能激发你内心的自豪感、奢侈感或地位感的苍蝇——这些感受有时候非常主观，并非由特定的事物和人本身而引发。你还能找到那

㊀ 家长们，我们建议你为你的女儿购买这本书。

些能让你从不同角度看待事物，使你将某物与其他不那么吸引人的事物进行比较的苍蝇。或者那些能引发你的好奇心或让你感到新奇和有兴趣的苍蝇。总而言之，你总是会遇到那些悄无声息地在某一点上吸引你的苍蝇。

吸引与窃取注意力

吸引人们的目光是成为令人着迷的个体的初始步骤——这一规则适用于任何人，包括那些粗浅的搭讪高手。一旦某种事物引起了你的注意力，这一事实便会影响你对它的感知，这被称为**聚焦错觉（focus illusion）**。在你的潜意识中，你会自以为是地推断："这特定的事物吸引了我，因此它必定具有某种特殊价值。"（在前面的章节里我们已经熟悉了"自我高估"的概念，这又是一个例子。）这种感受在用心营造的"注意力模式"中尤为关键和实用。设想一下你走进博物馆内的展室时的场景：庄严的静谧和轻微的回音让你的步伐放慢，话语也变得轻柔。白色墙壁突出了艺术作品，你的视线不知不觉沿着聚光灯的光束游走，最终落在墙边精心摆放的垃圾袋上。这一刻，你首次察觉到这一平凡物品的复杂纹理和深灰的色调，你在平日里从未意识到它的颜色竟如此美丽。你甚至觉得很感动，开始在脑海中回想自己在日常生活中忽略了的美好。你拿出手机，因为此刻的领悟值得发一条动态来纪念，还需配上眼前这个垃圾袋装置艺术的照片。也就在此时，你的思维被一声低沉的质问打断："你在我们的废品房里做什么？"

注意力的力量也会在你细心品尝餐厅中的葡萄酒时呈现出来。佳酿的味道何其丰富！在电影院观影时集中注意力的体验能让人对电影本身印象深刻；而在家中一边与伴侣闲聊一边再次观看同一部电影，则可能会让人感到大失所望。很多人在冥想垫上体验到这种焦点偏见：注意力彻底改变了他们对世界的感知和反应，也因此决定了我们所追求、所选择和所购买的事物。如果某件事物能牢牢抓住你的注意力，那这件事物对你而言也往往是更有趣、更重要的。成功抓住你注意力的产品和服务相比竞争对手而言已经获得了犹如足球比赛 5:0 一般显著的优势：毕竟赞赏常常伴随着注意力而来。因此，无数厂家和公司费尽心力争夺我们的注意力也就顺理成章、不足为奇了。

出人意料的是，这场争夺注意力的竞争常常是通过部署一些看似微不足道的"注意力之蝇"而取得胜利的。你听说过加农派对（Party Cannon）吗？很可能你听说过，因为这个英国死亡金属乐队已经多次吸引了大众的目光。是他们那刺耳的吉他演奏吗？还是那些暗黑的歌词？实则不然，一切对于大众吸引力的成功抓取都要归功于他们的标志。大多数死亡金属乐队的标志都是类似的——令人不安、极不规则的黑白字体，犹如岩石上的裂缝。但加农派对则选择了明亮、多彩、气球状的字体，更像是儿童玩具店的风格。这使他们在音乐节的海报上与其他乐队形成了鲜明对比，成了一只巨大的“注意力之蝇”——在不改变任何乐章的情况下，这些死亡金属的乐手们突然显得更为张扬。这并不是多彩标志本身的功劳。如果这种标志被用在儿童玩具上，谁也不会多看一眼；真正吸引人们注意力的，是它与周围环境、周围乐队千篇一律的暗黑标志产生的对比。如果你穿着一身燕尾服去参加一场重要宴会，你会非常自然地融入周围人群；当蒂姆的同事误解了晚宴的着装规范，穿着随意就加入晚宴的时候，他很快成了人群的焦点。为什么呢？正如我们在前文中所说的，你的大脑需要经济实惠地使用提供给它的能量；它会快速扫描周边的特征与环境，那些和周边环境融为一体的事物自然不需要任何注意力，而只有那些和周遭环境格格不入的事物需要特别的关注：它可能意味着危险或者是十足的吸引力。想象这样的场景：当你搬入新房的时候，周边的一切声音都会吸引你的注意力；很快，这些声音成为你日常的一部分，你的大脑完全习得了各种声音的发声时间和规律，因而你几乎不会注意到任何声音了。只有当某天的发声规律和往常大相径庭时，你的注意力才会被吸引，因而你才会在凌晨三点火车没有呼啸而过的时候大喊：“到底发生了什么啊！”

在心理学中，这种非常规事物更容易捕获注意力的现象以发现它的科学家命名，被叫作**冯 · 雷斯托夫效应（Von Restorff effect）**⊖。纵然只有少数广告从业者熟知它的学名，但大多数人都了解它的原理。这也就是为什么大部分广告都试图让自己的品牌与众不同，从利用极其独特、令人讶异的视频到让人厌烦到无法忽略，可谓是无所不用其极。

“注意力之蝇”效应在某些产品设计中也得以体现。就拿一家在多个欧洲城市提供自行车会员服务的公司“交换单车”（Swapfiets）来说，你会频繁地在各大欧洲城市中遇到大量交换单车公司标志性的、带有显眼蓝色前轮胎的自行车，以至于你甚至可能产生该公司已经完全席卷这些欧洲城市的印象。这种设计便是“注意力之蝇”效应的巧妙运用——其实蓝色轮胎并不多，但它们却在众多黑色轮胎中立即引人注目，让人印象深刻。苹果公司在推出第一代 iPod 时也做了类似的事情，推出了白色耳机；而当时几乎所有其他耳机都是黑色的，因此人们一下就能识别出谁有 iPod。毫不令人惊讶地，当时苹果的电视广告也包括舞动的黑色剪影，以及醒目的白色耳机。多年后，当几乎所有的耳机都变成白色时，苹果就又推

⊖ 这一效应与第 2 章所介绍的易得性偏差一脉相承。

出了形状不同的 AirPods。突然之间，到处都有人戴着这些看起来像耳环的奇特白色物体。这是巧合吗？当然不是。苹果很了解其“注意力之蝇”的效应，而他们并非唯一如此的公司。广告商、媒体、应用开发者、政府都在不遗余力地争夺你的注意力资源。手机上闪烁的按钮、持续不断嘟嘟响的通知以及难以忽视的红色数字；在街头，五彩斑斓、动感十足的霓虹标志[㊀]，以及炸薯店门面上的大袋薯片。在广播中，广告的声音似乎越来越大，甚至有人直接在广告中简单地加入一个声音效果[㊁]。

相较于这种不断索取注意力的现象，更令人不安的情况是各家公司都在用微妙的、精心设计的“注意力之蝇”来“侵入”你的注意力。在过去，彩票或慈善组织可能会寄给你一封明显比较厚重的信件，信中的实际内容——可能是贴纸、铅笔或几个便士——往往并不重要，关键是你的注意力已经被成功吸引。现代版本则更加高明，例如在手机的广告上设计加入逼真的头发图片，当你在试图将其划走时，不小心点进了广告商的在线商店。这种数字营销手段有一个专属学名，

㊀ 蒂姆特别喜欢这些标志，因此选择了在拉斯维加斯结婚，由此可见他的妻子多么宽容大度。

㊁ 给广告人的免费建议：避免使用警笛声，因为车里的听众可能会关闭收音机以判断声音来源，这样一来，"注意力之蝇"就可能偏离预期的方向。

被称为“暗模式”（dark pattern）。在荷兰版本的这本书的广告中，我们也开玩笑式地使用了这个方法：我们的广告横幅上看上去像是有一只苍蝇落在上面。

友善也是美妙的事情

再次回到那些精于搭讪技巧的狡黠朋友们。他们本可以用任何方式来吸引注意：诸如跳支热舞、变个戏法。然而，在我们的实际案例中，他们却选择表现得“友好”[㊀]。这一做法非常引人深思，毕竟如美国真人秀选手们常挂在嘴边的格言：“我来这儿可不是为了交朋友的。”

无论是商界成功、登上超模之路，还是烹饪出最佳牛排，成功通常都要求你必须表现得坚决、果断。因此，有人甚至会参加专门课程来学习如何减少讨好他人的倾向，他们还会翻阅励志书籍，学习如何优先考虑自己。毕竟，世界上“好人”多的是，而且根据常言，好人还总是吃亏。真的是这样吗？

事实并非如此。尽管陈词滥调有时可能包含部分真理，但所谓“好人总是吃亏”的论述并不属于那种情况。研究发

㊀ 根据约会大师们的说法，这一策略并不适用于极其美丽的女性。因为她们对于甜言蜜语实在太过于习以为常，反而会更容易被对她们毫无兴趣的人吸引。

现，在职场中表现得更为自私的人并不会更加成功。由于缺乏和同事们的良好团队协作，他们很快就会失去任何短期优势。我们实际上看到了完全相反的情况：那些善意、富有同情心的人更容易赢得同事的支持。美国经典之作《人性的弱点》(*How to Win Friends and Influence Peopl*e）也论述了这一原则。虽然我们可能很容易确认这一原则，但它依然令人震惊。作为一个精明之人，即便某人拥有极具吸引力的微笑，你应该能看穿其表象，对吧？正如你对于信件内容的看法应该与你是否喜欢信使毫无瓜葛。事实却显示这个关系极为重要。同情、愉快的氛围和紧密的联系——这些都像是巨大而隐藏的“苍蝇们”。正如影响力大师西奥迪尼所言：“人们更容易对自己人说‘是’。”

正因为特百惠派对[㊀]能充分挖掘现有的家庭和友情网络，它才特别成功。但即便没有这样的群体基础，也有多种手段可以营造出这种凝聚力。搭讪大师们所使用的手段可谓是无所不用其极，让人毛骨悚然，但实际上在日常生活中有更细腻、合适的方式去建立这样的良好氛围。曾有一次，蒂姆作为新人加入了一家繁忙的阿姆斯特丹广告公司；他把自己钟

㊀ 特百惠公司曾使用的一种营销活动，它在顾客家中举办，负责主办的顾客在邀朋唤友的同时也可以获得一些产品优惠，派对中会有特百惠的产品展示，并提供现场销售。——译者注

爱的爵士乐 CD 放在了桌角，这不仅激发了与公司内其他音乐爱好者之间的多次有趣对话，也让他迅速熟识了不少同事。

再比如说会议中常有的自我介绍环节。这对很多人而言可能是个不太自在、不太舒服的程序：该说什么，不该说什么呢？有人甚至建议为了节约时间而跳过这一环节。但这样做便失去了建立信任和加速合作（以及未来更多高效会议）的机会。当人们更多、更全面地了解对方后，他们往往能找到更多共同点，这对团队合作有着不可忽视的益处。所以下一次，别忽略这一环节，专心倾听，等到你介绍时，着重展示你们的相似之处——这可能是曾经在同一家公司工作，去过同一所大学，同样正在抚养年幼的孩子，抑或是你们都读过《苍蝇效应》㊀。相似性如同一条看不见的纽带，让有着相似的价值观或者兴趣的人们产生共鸣。同样的原因，约会网站经常夸大你与匹配对象之间有多少共同之处。㊁相似性之蝇

㊀ 提示：尽量在自我介绍环节的后段才登场，其他人在完成自己的发言之后会更加关注你。这种现象也被称作“下一个排队效应”。

㊁ 电视节目《一见面就结婚》（*Married At First Sight*）便是最佳实例，在这个节目中，一个计算机算法负责配对那些愿意在见面前就结婚的人。蒂姆认为，单单是愿意参加这样一个节目的事实就意味着你们有相当多的共同之处，从而提升配对成功的概率。这让人想起邮箱里那些看似荒谬的广告邮件：比如夸克先生（Mr. Quack），一个自称能解决你的肩颈问题、婚姻问题和养老金问题之类全部问题的中间人。这些邮件之所以会这样写，就是为了明确目标受众，只吸引那些最绝望的人，即使其他人完全不为其所动。表面上看似愚蠢的这些信息，实际上并不像我们想象的那么简单。

也是苍蝇家族的重要一员。实验表明，如果你穿着同样风格的衣服，使用相同的语言或具有相同的生日，人们更有可能回应你的请求。[1]类似的名字也会产生相同的效果。如果你的潜在客户的名字是马尔科（Marco），而你碰巧有一位叫马克（Marc）的同事，那请确保让马克成为报价单的最终发送者。

爱因斯坦的误区

“疯狂的定义就是一再重复同样的行为却期待不同的结果。”这一观点常被误归为阿尔伯特·爱因斯坦之言。然而，无论这句话出自谁言，在行为科学领域，这个说法是不成立的。事实上，重复行为在该领域内可能引发一种破坏性的苍蝇效应。就拿给观众展示商业广告来说，最初可能不会激发任何反应；但是，当同一广告被重复展示七次、八次或九次后，观众的选择开始不可避免地受到这则广告的影响。重复能使完全相同的事物变得更具吸引力。这听起来有些反直觉，但其实非常符合逻辑。为了生存，你的大脑需要识别那些熟悉、安全、易于辨认的事物。如果一个事物多次出现而你依然安然无恙，那么大脑便会认为它不具有威胁性。这是一种名为“加工流畅性”（processing fluency）的大脑机制：正是因为大脑能轻易地处理熟悉的事物，这种流畅性就会产生一种愉悦和积极的感觉。你可以想象自己的大脑中已经建成了一条通畅又牢固的神经通路来加工你所熟识的事物，这条通路的便利丝滑让你感到积极和快乐。但也需要注意，这可能会使你不受意识控制就热爱某些事物或者某些人。比如，你不断地在不同的地方听到一首夏日热曲，最初你讨厌它，但后来你想起它时心中却会洋溢起暖暖的感情。另一个例子是当你看到街上的一家老店不再营业了的时候，即便你从未在这家店买过任何东西，你或许也会感到难过。伊娃和蒂姆住在阿姆斯特丹，他们都很痴迷于当地居民发起的“拯救计划”：如果有人想要移走城市里的一些小东西，比如一幢怪异的小楼、一幅涂鸦、一条坏了的长椅，甚至是那些用于户外的臭臭的小便池，即刻就会有一个委员会现身阻止，他们的目标是保留城市中那些独特的小风景。由于这些物件每天都出现在居民的视野中，当地居民已经因为熟悉而对于这些小风景产生了一种热爱。这甚至和斯德哥尔摩综合征（Stockholm Syndrome）有相似之处了：人质对于劫持者产生了情感。

揭秘：关于假新闻的震撼事实！

在社交媒体中，你如果不断接触到某种特定信息，便容易对其产生信任。这构成了一种自我强化的现象。当前，国内外各大平台均在加紧筛查和防范假新闻的泛滥，不断尝试新的应对策略。你认为以下哪一种方法最能有效遏制假新闻的传播呢？

（1）在新闻主题旁标明信息来源。

（2）在事实核查人员已经判断为假新闻的文章上发布警告。

（3）在平台上发布普遍性的“警惕假新闻！”提醒。

（4）推广被用户视为“值得信赖”的信息来源。

（5）邀请用户在转发信息前仔细思考其可靠性。

（6）邀请用户评估随机信息的准确性。

经过在社交媒体（例如脸书和推特）上的大规模测试，研究人员发现前三个选项对遏制假新闻的传播几乎无效，而后三个选项确实能产生显著效果。这进一步证实，那些直观上看似合理的措施，其实际效果也未必理想。[2]

你答对了多少个问题？

科学家罗伯特·扎荣茨（Robert Zajonc）深入探究了这一效应，并将其命名为**单纯接触效应（mere exposure effect）**：仅仅因为频繁地接触某物，你就可能对它产生好感。扎荣茨设计了一项有趣的实验：他在海报上放置了一个虚构符号，并每周询问学生对该符号的解读。实验结果显示，随着接触频次的增加，学生对该符号的正面评价也随之上升。他还进行了类似的其他版本实验，如采用稍复杂的图像来进行测试。无独有偶，在学生多次接触这些图像后，他们也觉得这些图像越发美观。这种现象是否完全无害？思考一下那些因不当言行而频繁出现在媒体头条的知名人物。尽管记者可能认为他们大量报道这些不当行为毫无疑问是在履行职责，但实际上当你日复一日地在新闻中看到相同面孔时，心里会产生何种反应？经过一段时间，尽管这些知名人物依然是“恶棍”，但逐渐变成了“熟悉的”、和我们更具关联度的“恶棍”。这种情感转变纯粹是由于你频繁接触到同一张脸引起的。若大量人群有类似体验，那么这种现象势必会影响这些知名人士的美誉度。换言之，小小的改变可能带来重大影响。

小实验：熟悉的敌人

这种对“熟悉的敌人”渐生的好感即使在没有看到那张“敌人”面孔的情况下依然存在。伊娃曾经做了一项测试这种效应的实验：参与者在一个信任游戏中，用真钱（几欧元）投资于一个游戏伙伴；伊娃加倍投资，并把所有钱交给参与者的游戏伙伴，让他们来自行决定是否归还部分款项给参与者。显然，如图 6-1 所示，有的人选择了归还部分款项，有的人则全部留给了自己（因此这些游戏伙伴从某种意义上可以被视作欺骗他人的敌人）。游戏第一轮结束后，人们可以选择他们更愿意与谁一起玩：是与已经欺骗过他们的“敌人”玩，还是与欺骗过其他人的“敌人”玩。你猜对了：人们更倾向于再次与“已知的敌人”进行游戏，即便他们在现实中从未见过对方的面孔。

图 6-1

在家试试！

你是否在劝说团队接受你新设计的标志上遇到难题？不妨“偶然地”将其打印出来，挂在团队成员每天都会路过的公告栏上。你会发现，一个月之后，他们会说：“现在再看这个标志，它其实还挺吸引人的。”

熟悉的新奇

当事物变得过于熟稔，我们是否可能偶尔会漠视其存在？答案无疑是肯定的。在此情境中，完全不同的现象出现：我们似乎不再察觉或是完全忘却它的存在。这就是所谓的**无注意盲视（inattentional blindness）**，即某事已经太熟悉，以至于我们不再注意它。这不仅可能是人际关系中的一大难题，更是交通事故频发的潜在因素。毕竟，在固定的、日常的通勤路线上，事故频繁而多发。一个可能的解决之道就是在日常生活中引入微量的新奇因素。面对不寻常的事物时，人们会变得警觉，或许还伴有一丝紧张或兴奋。将这种感觉与由于熟识而产生的愉悦感相联结，你就得到了一个成功的配方：以出乎意料的形式呈现人们既熟悉又渴望的东西。这正是为何，如果你想销售某样熟悉的东西，你需要让它感觉如同全新的；反之，如果你要推销全新的产品，你应该努力让它感觉像是熟悉的。这是有史以来最佳（同时也是最古老）的营销建议。这也解释了为何苹果产品会用软盘图标作为保存按钮，用垃圾桶图标作为删除按钮，并使文档看起来像是虚拟的 A4 纸张。史蒂夫·乔布斯（Steve Jobs）称之为拟物主义（Skeuomorphism）：用熟悉的形式来包装全新的内容。因此，当我们听说很多沟通专家对于使用如“再见，炸猪排”这样带有肉质名称的素食替代肉产品持怀疑态度时，我们感到非常惊讶。毕竟，如果你对苍蝇效应有所了解，这些名称无疑是非常贴切的。也许这也是为什么农业界要求禁用“素食香肠”“素汉堡”或“与牛奶类似”这样的词，因为农场主们认为这会让消费者感到困惑。然而，他们的诉求在欧洲议会并没有得到什么实质性的回应，反倒是为这些新产品赢得了大量的媒体关注[⊖]。

“熟悉的新奇”策略往往是有效的。你们可以用这个洞见来选择创意头脑风暴会议后的最佳想法。在白板上画一条水平线，并将其分为四个相等的部分。在最左边的第一部分下方写上“令人讨厌”，在第二部分下方写上“熟悉”，在第三部分下方写上“新奇”，在最右边的第四部分下方写上“令人困惑”。将你们所有的创意点子归类于这条线上。近期流行的剧集或热门单曲会出现在哪个区域呢？它们往往位于熟悉与新奇的交界处。一旦某物变得过于熟悉而缺乏新意，无趣便会浮现；而过度的新奇性则可能引发混乱。在两者之间恰好

⊖ 有趣的是，在动物和奶类替代品这个类别中，公司在为产品命名和营销的过程中通常极富创造性。蒂姆曾经参与了“专为奶泡而生”（For Milk Froth）产品的推出，并且非常喜欢其他类似的产品名字，比如“难以置信，这不是黄油”（I Can't Believe It's Not Butter）、“这难道不是黄油？”（What, Not Butter?）以及“会不会是黄油？”（Could It Be Butter?）。

有一个“甜蜜点”，这便是最具潜力的创意所在[㊀]。所以，即便我们希望你能在这本书中获得新知，也需要刻意呈现一些你已经知道的东西来达到这个“甜蜜点”。

完美主义的重要缺陷

媒体上对于“完美”照片模特对我们自我形象的影响的讨论颇为活跃。有趣的是，作为广告创意专家，蒂姆更倾向于寻找那些不完美的模特。在如豪华香水等奢侈、“梦幻”品牌的广告中，使用完美的超模无疑是最佳选择。然而，在描绘现实生活的超市广告里，完美反而可能适得其反，引发的更多是疏离而非崇拜。这是否意味着人们普遍心胸狭隘、嫉妒心重？也许吧。但还有另一种解读：生活告诉我们，完美是不存在的。因此，当某人或某物看似过于完美，几乎让人难以置信时，我们自然会怀疑其中有问题。在这种情况下，一个小小的瑕疵可能便酿成了一个巨大的问题。

在一项著名的实验研究中，[3] 参与者被分为两组，分别

㊀ 类似大卫·林奇（David Lynch）和克里斯托弗·诺兰（Christopher Nolan）这样的导演则属于另一个特殊类别——他们能够使用粉丝所熟识的技巧一次又一次地制造新奇。

观看了一个专家以高度专业的方式解答物理学问题的视频。第一组观看了视频的精简版，而第二组观看了几乎相同的内容；唯一的不同之处在于，第二组的视频末尾出现了该专家不慎打翻咖啡的一幕。这可以说是一个失误，或在美国人看来，是一个（为取得娱乐效果而摔的）**屁股蹲儿（pratfall）**。你可能早已猜到第二组观众觉得这位专家更加讨人喜欢，也对他有更多的尊重（这种现象被称为**瑕疵效应**，即 **pratfall effect**）。这听起来可能有些奇怪，但我们在网上商店也看到了类似的现象。例如，平均评分为 4.7 星的产品或度假胜地更易获得消费者的青睐。一旦评分超过这个数字，产品或服务则显得过于完美，从而影响其可信度[1]。当然，这并不意味着你应该在每次公开演说后故意摆出一个拙劣的姿态；相反，这意味着，在特定的情境下，承认小错误可能有助于提升你的可信度。特别是在你已经赢得观众的尊重，且这些小瑕疵不会损害你专业形象的情况下，这一策略尤为有效。例如，一个在辩论中缺乏关键数据的州长可能会失去选民和同事的信任，但一个在电视节目中稍显尴尬和不适的政治家却更可能因其真挚和亲切赢得选民的支持。

[1] 消费者可能会怀疑得分不是由真实消费者所评出的。——译者注

蜘蛛蟹还是康沃尔帝王蟹

各种政治策略中，最受欢迎的心理机制无疑是**框架效应（framing effect）**。你也许会想："这不就是政治顾问用来误导选民的手法吗？"确实，这样的看法在某种程度上并非全无道理。然而，我们敢肯定，你自己在过去一周里也无可避免地运用了这一策略。简单来说，框架效应就是决定你以何种角度来看待某一事物。事实上，人们有能力用多种方式看待同一事物，只是这样的多种方式不可能被同时采纳。这一现象在儿童群体中体现得尤为明显：给孩子一小杯柠檬水，再将其倒入另一个高杯中；尽管两个杯子里的柠檬水量相等，孩子的大脑却难以认识到这一点。对于两杯水量完全相同的柠檬水，孩子也会更为喜欢装在小杯中的水。[4] 这正是框架效应的魔力所在。事实上，我们很难完全摆脱框架效应对我们决策的影响。以商业为例，其中是勤奋的企业家还是大批资本家？显然，人们对这些概念都可能存在积极、消极两种不同认知，而几个关键词便能"激活"这些不同的认知框架。又如你正在阅读的《苍蝇效应》一书，是一本充满娱乐性而实用的指导手册，还是一本狡诈的操控术集？书的封底展示了我们如何对其进行框架化。你当然不是唯一在认真思考这个问题的人——框架效应无所不在，而且不可避免。以超市货架上的牛奶为例，你会选择脱脂95%的牛奶，还是更倾向于5%脂肪含量的牛奶？尽管它们在热量上并无差别，但在影响你的购物行为上却大有不同。健康意识强的人更可能选择前者，甚至有人会声称后者在口感上更为浓郁丰富。你可能会说选择何种牛奶是一个相当不重要的话题，而人们在做这类不重要的决定时没有仔细思量。这当然是完全合理的论辩。那下一个实验将会让你更为确认框架效应对你选择和决策的影响。

在家试试！

1981年，远在新冠疫情成为公众话题之前，卡尼曼向一批学生提出了这样一个问题："一种可能会导致600人死亡的疾病正在流行。幸好，我们有应对措施。你会选择哪个方案？"[5]

方案A：能够救助200人。

方案B：有三分之一的概率能救助全部600人，但三分之二的概率会导致无一幸免。

现在，请找一位身边的人作为第二道题的测试对象。让你的同事、你的妈妈，或者厕所隔间里的人花几分钟时间阅读以下内容，并做出选择。

"一种可能会导致600人死亡的疾病正在流行。幸好，我们有应对措施。你会选择哪个方案？"

方案C：预计将有400人死亡。

方案D：有三分之一的概率能让所有人都安然无恙，但三分之二的概率会导致600人全数死亡。

你或许已经选择了方案A（在原始实验中，有72%的参与者这样做了）。你的身边人，也就是第二题的测试对象很可能会选择方案D（正如原始实验中78%的人所做的选择一般）。但若细想一下，你会发现方案A和C实质上是完全一致的！唯一的区别在于方案A用了一个“积极”的叙述框架，强调了将获得救助的人数，而完全没有提到将会死亡的人数，而方案C则用了一个“消极”的叙述框架，强调了将会死亡的人数。因此，相比于方案B，你可能认为方案A是一个更为安全的选择；而相比于方案C，你的身边人会认为选择方案D提供了一种冒险机会，至少能尝试挽救一些人。

框架效应不仅在纸面上和理论上有深远的影响，它在实际生活中的重要性甚至在某些情况下生死攸关。那些允许病人自主选择治疗方案的医生深知，如何赋予问题合适的框架——是积极地强调生存率，还是消极地提及死亡风险——对病人的决策具有巨大影响；而他们自己也同样对这种框架极为敏感。因此，不难理解为何框架效应在政治修辞中会如此频繁地出现。以美国共和党为例，他们将反对堕胎的观点包装为一种“支持生命”（Pro-Life）的立场：毕竟谁会反对生命呢？他们把遗产税重新命名为“死亡税”（Death Tax）。而华盛顿这座城市则被他们形象地称为“沼泽地”（The Swamp），给人以混浊、肮脏、危险的印象。相对地，他们的政党则被誉为“大老党”（Grand Old Party,GOP），即便是他们的对手也会以 GOP 来指代他们。在采用合适框架以达成政治目的方面，乔治·W. 布什（George W. Bush）无疑是一名绝顶高手，他将军事行动所遭受到的军事反击描述为：“我们受到了迎接，但绝非热情的欢迎。”值得一提的是，在研究框架效应的这个领域最出色的科学家多数是民主党的支持者，[㊀]而在实践中将框架效应发挥得最淋漓尽致的则是共和党成员。这或许说明，狡黠的框架更适用于像特朗普这样的商业巨子，而非理想主义者。

无论如何，忽视行为科学在政治决策中的影响可能会产生巨大的后果。例如，在政治讨论中，如果你能让对手接受你设定的框架，那么在某个社会议题上你便已经取得了先机。支持英国脱欧的阵营非常聪明而大胆地利用了这一点。他们公开地展示了一辆宣传大巴，上面标注着英国每周需要转给欧盟的巨额资金。虽然这个展示的数字并不准确，甚至远远

㊀《助推》一书的作者之一凯斯·桑斯坦（Cass Sunstein）就曾担任过奥巴马和拜登的顾问。

高出了实际数值；反对脱欧的人士为此上了当，甚至找到了媒体希望去纠正这个数字——他们自认为捉住了脱欧派的这个愚蠢谎言，转移的资金不是 3 亿英镑，而“仅仅”是 1.78 亿英镑！结果，公众的注意力不再集中在留在欧盟的诸多正当理由上，比如和平、经济稳健、旅行便利或教育机会，而是被引向了有关每周在欧盟花费了多少资金的问题上。这正是脱欧阵营所期待和寻求的，金钱框架成功地作为一种政治陷阱深刻影响了民众对于脱欧与否的选择。

在不过分强调、不过多铺垫的情况下，如何精准有效地构建讨论框架？常见的方法便是提出有针对性的问题。当你明确地提出问题后，人们会自然而然地在心里给出答案。约翰·F. 肯尼迪（John F.Kennedy）在其标志性的演讲中便运用了这一策略：“不要问你的国家能为你做什么，而应该问你能为国家做什么。”很少有人会直言：“约翰，我自有我的问题需要思考！”即使你认为自己给出了经过深思熟虑的回应，其实你可能仍然在无意中接受了这个问题确实值得思考的前提。这种心理机制也被一家知名洗发水品牌运用得炉火纯青，他们的口号“你值得拥有”隐含地提出了问题：“我值得拥有吗？”你会毫无疑问地认为自己完全值得拥有它，但也忽视了更核心的问题：那瓶洗发水值得吗？值得多花钱来购买它吗？广告商通过广告口号成功将你的注意力从产品转向了消费者，你的思维也就这样被定向了。

在政治领域，框架的构建常常通过隐喻来实现。例如，政府的财政援助被某些人称为“安全网”(a safety net）或“懒人的摇篮”（a lazy hammock)，重要的产业被称为“国家的引擎”（engine of the country）或“社会的飞轮”（flywheel of society)。销售人员也热衷于运用这类隐喻：“你看到的这款机型被誉为喷墨打印机界的劳斯莱斯。”乍看之下，这似乎是一个坚定的承诺；但其实这样的说法完全没有任何实质内容：即便对这台打印机不满意，消费者要怎样才能证明这款机器最多不过是打印机界的起亚，而不是劳斯莱斯？通过隐喻进行框架构建的方式多种多样，因为在我们的语言中，大量的表达本质上都是隐喻性的：一个“引人入胜”的故事并不是真的邀请你进入了另一个世界；你感到“胸有成竹”时也并不是胸前真的有竹子；即便你再想“找个地缝钻进去”，也不会有真正的地缝。然而，这就是我们的说话方式，将大量的隐喻隐藏在日常生活中。而精于框架构建的人对此心知肚明。

在家试试！

思考一下你在工作中常用的隐喻及其所引导的思维框架。例如，你可以查阅同义词词典，了解哪些词语在意义上属于同一类别。诸如“争斗”与“暴力”“打击”同属一类，“得分”则与“比赛”“游戏”“运动”有关。慎重地选择你所使用的词语，以便它们引发正确的联想，同时避免误导。假设在一个演示中，你这样说：“你们可以大胆地挑战，我的团队会坚决捍卫。”这种表述唤起了战争的隐喻，暗示敌我对立，必有一败一胜，生死存亡之战。这真的是你想用来描述年度报告的思维框架吗？试着运用一个完全不同的、和音乐相关的隐喻，例如：“我们认为这个点子会变成非常流行的单曲，但只有得到你们的掌声才能让我们确信。”

除了隐喻，舆论塑造者还善于玩弄分类，因为人们的思维习惯于将事物归置于特定框架和类别之内，而这一框架的选择直接影响了我们对目标对象的喜好程度。例如，把蛋糕当作早餐的一部分原本被视为奢侈的行为，但一旦被重新归类为“松饼”，便立即改变了其形象。类似地，将速溶汤粉归类为汤时，它并不太吸引人；但一旦被定位为当你想泡一杯咖啡时的咸味替代品，在你亟须喝点儿什么来提神的时候，它的吸引力便顿时大大增加了。这种策略同样适用于给予行为新的框架。比利时和荷兰推动的一场“平安驾驶”的运动成功地将在聚会时只点苏打水、看似无聊的人转变为派对后负责安全送朋友回家的英雄。当美国响起缩小食品分量的呼声时，他们并没有用“小”

这个词来形容，因为在这个一切都以大为美的国家里，这样的说法不会引起共鸣。现在，这些缩小的分量被称为“趣味尺寸”(fun sized)。而“吃到饱”(all you can eat)的概念也变成了“尽情享用”(all you care to enjoy)。

渔夫也意识到命名事物方面的苍蝇效应。1977 年，鱼商李·兰茨（Lee Lantz）在美国推广一种外观并不吸引人，而且名字让人印象不佳的鱼——巴塔哥尼亚狗牙鱼（Patagonian Toothfish)。他巧妙地将其重新命名为智利海鲈：不仅使其听起来更为美味，还成功地在熟悉与新奇之间找到了平衡。如此一来，这种鱼的受欢迎程度大增，以至于后来不得不采取措施以防止过度捕捞。英国渔民在英国脱欧后采取了相似的策略。由于突然失去了欧洲市场，他们希望通过改名吸引当地消费者，于是将名字让人生畏的蜘蛛蟹（Spider Crab）重新命名为康沃尔帝王蟹（Cornish King Crab）⊖。无可置疑地，积累知名度从拥有响亮的名字开始。

好的，我选择认真阅读这个小贴士，并在引人入胜的阅读体验中丰富我的知识！

怎样引导人们做出选择也是框架策略研究的重要组成部分。以蒂姆为例，他曾在一个大型教育机构工

⊖ 直到 2021 年它还不是濒危物种，但未来就很难说了。

作，该机构的客户需要用传统的方式从报纸上剪下、填写并寄送回执单给机构来变更订阅。他们可以勾选的一个选项总是类似于："不，我不想成为客户，我选择放弃所有这些好处，并失去一个美好的未来！"理性地说，不会有人特意从报纸上剪下这样一个回执单来表明他不会成为客户。这便是一个经典的"增强型主动选择"（enhanced active choice）的例子。这是一种构建框架的策略，通过巧妙的措辞来描述各种选项，从而引导人们做出特定的选择。如今，经常在线购物的人已经对此非常了解。

- 当然，我会享受到最优惠的价格。
- 不用了，我愿意不享受优惠而继续像泼水一样浪费我辛苦挣来的钱！

简单吗？无可争议。有效？也是毋庸置疑的。这就是为什么我们所有人都会使用它。实际上你在家里也会用同样的方式给你的爱人提供这样的选择：

- 我们现在出发吗？
- 还是再拖一会儿，直至错过那场令人兴奋的音乐节？

每个人都有能力塑造舆论。我们的建议是你可以享受，但务必审慎对待框架策略。你要特别防止无意中激活了框架策略，不然，你可能会自食其果。

对“苍蝇效应”的深刻敬意

时而，广告界从科学中汲取灵感；时而，科学家则会发现广告业早已察觉的规律。后者适用于**“押韵即真理”（Rhyme As Reason effect）**的现象，或称为**济慈启发式（Keats heuristic）**：一句话若措辞更为吸引人，人们也更可能信以为真。一项题为“物以类聚，人以群分”的研究发现，内容若能押韵，人们更容易信服，就像“一日一苹果，医生远离我”（an apple a day keeps the doctor away）、“逛到你狂”（shop till you drop）和“言出必行”（walk the talk）等英语中的经典短语。[6] 这不禁让我们回想起过去那些总是押韵的广告口号，它们如今走出了时尚前沿，让人觉得非常可惜。

与何相比

顶级厨师丹尼尔·布卢德（Daniel Bouloud）在他的高档菜单上特别推出了一款价格高达 100 美元的汉堡，你会尝试吗？还是认为这个数字对一个汉堡来说简直天价？不可否认，这款汉堡选材上乘，采用神户牛肉和松露，显然在口感上远超麦当劳；然而，用这笔钱你实际上可以购买到 80 个麦当劳汉堡。再来看纽约的 666 汉堡，他们独创了一款名为“浑蛋汉堡”（Douche Burger）的产品（在美国，“douche”有无赖或令人讨厌的意味）。这款汉堡只供外卖，所以你只能站在街头享用。它由神户牛肉、松露、鹅肝、鱼子酱和龙虾构成，最后还被金箔包裹。其官方口号宣称：“它也许并不美味，但会让你觉得自己是个土豪。浑蛋。”这款汉堡的售价高达 666 美元，你会购买吗？相较之下，我们更可能选择更便宜的小吃。

此时此刻如果你重新审视布卢德的 100 美元汉堡，你可能会觉得相对于 666 美元的汉堡刺客来说，这个价格似乎还算合理。当然，100 美元并非小数目，但这钱花得值。更何况你还可以在一家高档餐厅内，坐在雅致的餐桌旁静静享用；而其价格甚至不超过 666 美元汉堡的六分之一。究竟是哪种奇特的心理机制让我们对于这款 100 美元汉堡不再感到那么愤慨呢？两位厨师恐怕对这里发生了什么都心知肚明：这就是所谓的**锚定（anchoring）**或者说**参照效应（reference effect）**。人们非常不擅长在缺乏背景信息的情况下做价值判断：究竟什么算便宜，什么算贵？我们多数时候是通过比较来评估数字（比如物品的价格）。谁能够通过举起一个行李箱就立马准确判断其重量？但如果你先举起一个行李箱，再举起另一个，便能非常明确哪个更重。同样地，因为有了一个可供比较的参照物，比如一个 666 美元的汉堡，人们反而会觉得一个 100 美元的汉堡价格相当合理。众所周知，菜单上最贵的葡萄酒的存在价值主要是为了推销第二贵的葡萄酒，很多情况下最贵的那种葡萄酒甚至可能根本就没有存货。伦敦的一家意大利餐厅甚至更进一步，他们在菜单上与比萨和意大利面一同列出一辆价值近 3 000 英镑的维斯帕（Vespa）摩托车！

在家试试！

翻开本书的任意一页，并在此记录页码：________

接着想象一瓶葡萄酒。

你愿意出多少钱购买它？⊖

你也许会质疑：拿“摩托车”与“比萨”进行比较，就如同用苹果与橘子比较一般，真的会对人们的购买行为产生影响吗？不幸的是，即便是一个毫不相关的锚点也能对当前的决策产生不小的影响。例如，在一项实验中，输入了“高”邮政编码（如 9214 AB）的参与者，相较于输入“低”邮政编码（如 1001 BC）的人，

⊖ 若你记录的页码低于 60，你或许不太愿意为这瓶葡萄酒支付超过 6 英镑；而如果页码超过 100，你可能会标出一个更高的价格。

更愿意向慈善机构捐赠。[7]

谈到慈善捐款，我们还想探讨捐赠金额的问题。你认为以下哪种方式能带来更高的捐款?

我捐（请勾选）:

50 30 20 10

我捐（请勾选）:

10 20 30 50

事实上，从最高金额开始排序，平均捐赠数额将随之上升。这种所谓的“捐款阶梯”就是一种精心设计的策略。而以递增的顺序（从低到高）罗列选项确实能吸引更多捐赠者，因为这降低了捐赠的心理门槛。金额间的差距也会影响人们最终捐出的数额：最赚钱的阶梯会迅速“递增”至大额（10–20–50–250）。高明的筹款者甚至会参考你之前的捐款记录，设定你这次的最低捐款金额为你上次捐款的1.5倍。不得不说这的确是一种狡猾的做法，但毕竟这都是为了做好事嘛。

在家试试!

你可能会好奇，以上的行为锚定和参照效应是否只适用于风险较低、需要迅速而无意识决策的情境。

答案是否定的。以下我们所描述的场景基于一个真实的实验。[8]

在法庭上，检察官向法官陈述了一个案例：一名驾驶员撞伤了一个人，导致受害人终身残疾；受害人向驾驶员提出赔偿，因为车祸本身是由于驾驶员未对车辆进行妥善检查，导致的制动系统失灵造成的。如果你是法官，你会判定多少赔偿金？

第二组法官面对完全相同的情境，只不过辩护方额外添加了一句：“上诉金额的下限为 1 750 欧元。”该组法官也被问及：你会判定多少赔偿金？

你在第一个案例中的答案可能超过 100 万欧元。事实上，面对第一个案例的 100 名法官平均判定驾驶员需要向受害人支付 130 万欧元的赔偿。然而，另一组的 100 名法官，在看到关于上诉金额下限的无关紧要的句子后，判定受害人应得为 90 万欧元，减少了近乎 40 万欧元的赔偿金！显然，参照效应不仅影响一般民众，也影响那些需要做出重大决策的专业人士。

你或许已经预料到参照效应在折扣和降价领域将发挥至关重要的影响。深夜电视广告最喜欢用的推销手法就是基于此：原价 100 欧元，现仅需 40 欧元！这种方式并没有直白地声明折扣，却巧妙地暗示了大幅度的折价。然而，习惯于这种套路的人们现在应该不会再轻易上钩了，不是吗？美国零售巨头 JCPenney 就进行了一次相关实验：他们聘请了一位曾在苹果公司供职的重量级 CEO。与苹果稀缺的折扣政策相反，JCPenney 大量推出折扣传单和折上折优惠券；如果你有机会观看过电视节目《省钱折价王》（*Extreme Couponing*），你应该能深刻明白他们的营销策略。加入新鲜血液的公司董事会认为，或许是时候终结这一切折扣活动了，毕竟当他们的市场团队听取消费者的反馈的时候，他们发现消费者对这种大幅促销方式并不太感兴趣，消费者实际上更倾向于稳定的低价。因此，稳定的低价在 JCPenney 应运而生。然而，结果却完全出乎每个人的预料，公司的销量骤降 25%，年度亏损高达 3 亿美元，公司市值近乎腰斩。现如今，折扣优惠券重磅回归，消费者也随之回流。这一切都表明，消费者往往难以清晰地表达自己的感受：以 90 美元购买一件连衣裙和以 90 美元购买原价为 180 美元的连衣裙给人的体验是截然不同的。当然这并不令人惊讶，因为人们通常难以准确估量一件东西的真实价值。在普利马克（Primark，一家低端时尚品牌）一件 T 恤的标价是 5 欧元，而在街对面的哈洛德（Harrods）[1]百货一件 T 恤则售价 150 欧元，那人们又该如何确定这类产品的合理价格呢？

[1] 一家主营高端奢侈品的伦敦百货商店。——译者注

在家试试！

在日常生活或工作场合尝试应用锚定也许会相当有趣。一种有效的修辞策略便是假省笔法，即你说出你不打算说的事，从而实际上表达了它。比如你可以说，“我不可能向你收取10 000欧元”，然后提出一个5 000欧元的报价。你所说的每一个字都是事实，但你同时也提高了成功的概率。然而，许多人却往往采取相反的做法，声称：“我的成本已经是1 500欧元，因此价格不可能低于5 000欧元。”这种情况下，同样的金额（5 000欧元）突然让人感觉更为沉重。这种策略也适用于薪资谈判（“我并不期望涨薪25%，但是……”）、日程安排（“我实际上并不需要一整年来完成这个任务……”）或者为家人购买新电视（“我们当然不需要一个价值3 000英镑的电视……”）。

参照效应也在航空业内被运用得淋漓尽致。华盛顿大学的研究团队对20年的飞行数据进行了详尽分析，他们发现同一航线的飞行时间从1997年至2017年间有所延长。[9]换言之，同一航线如今比20年前预计多出8%的飞行时间。这是否意味着飞机飞得更慢，或者最大空速有所下降？研究者们探讨了多种可能性，但最终只有一种解释能够站得住脚：策略性填充（strategic padding）。由于航班延误会对航空公司的声誉造成损害，进而引发乘客的不满与投诉，略微延长预期的飞行时间让飞行员能够频繁地宣布：我们提前抵达了！该手法在职场同样适用：给每个截止日期额外添加三天，便能每次都给你的上司留下深刻印象（需注意，若同事也采用此策略，该策略就大大失效了）。在航空公司缺乏其他可选方案应对航班延误的背景下，此招尤为有效。一旦有更快的航班出现，乘客可能会改选航空公司。因此，研究者推断，在激烈竞争下，策略性填充的实施程度会相应降低。

很久很久以前，有一只苍蝇……

2015 年 1 月，在美国亚利桑那州的凤凰城，扎克·诺里斯（Zach Norris）在一家商店内发现了一只标价为 5.99 美元的复古积家深海手表（Jaeger-LeCoultre Deep Sea；非专业人士须知：这是一只瑞士手工打造的潜水手表，二手市场价值约 25 000 美元）。他毫不犹豫地购买了它，随后在手表论坛分享了这段经历，迅速走红。这个故事实际上增加了扎克的手表在收藏家眼中的吸引力。因为他付出了更少的价钱，手表实际上变得更有价值了。最终扎克得以将它高价卖出，获得 35 000 美元及一只他梦寐以求的欧米茄超霸手表（Omega

Speedmaster)。而这个特定款式的欧米茄超霸也因为有另一个引人注目的故事而变得超级抢手：第一批登上月球的宇航员佩戴的就是这款表。但问题来了：如果你是一位办公室职员，能够在太空中使用的手表是否真的更有用或更有价值呢？突然之间，如果某人以极低的价钱购买了一件奢侈品，该奢侈品是否变得更有价值了？换句话说，这些手表发烧友们是不是疯了？答案当然是否定的。这里我们看到的是一个引人入胜的故事带来的苍蝇效应。扎克的故事成功捕获了公众的想象力——毕竟，谁不希望在当地跳蚤市场捡到这样的宝贝呢？而一个宇航员的生命仰仗瑞士手表精度的故事也确实引人入胜，激发了人们无穷的想象力。

在家试试！

一个关于讲故事的有趣实验发生在易贝网上。记者罗布·沃克（Rob Walker）从跳蚤市场上挑选并购买了平均价值为 1.25 美元的小物件，想要测试一个好故事是否能提升这些物品的市值。[10] 于是，他请来专业作家为这些物品编织了各自的虚构背景故事。结果证明，这些虚构故事确实起作用了！例如，一个本身价值仅 0.99 美元但附有精彩故事的塑料马头被以高达 62.95 美元的价格出售。最终，他以 8 000 美元的总价将这些物品全部售出，而他最初只为这些物品付出了 197 美元。还有什么能够阻止你呢？

故事常常让事物更加吸引人。这一现象在旅游中的路边景点也同样随处可见。在佛罗里达州，蒂姆不仅参观了一座奇特的巨型贝多芬雕像，还游览了 20 世纪中叶之前该州最高的一棵树和一个从未见过爱迪生下水的泳池[⊖]。在前往拉斯维加斯结婚途中，他不得不经过“世界上最大的温度计”。这些看似平凡的地方都因其背后的故事吸引了远在数千米外的人们。为何故事具有如此强大的吸引力？人们似乎是为故事而生的。根据某些科学家的观点，故事甚至是人类存在的原因。可以确定的是，人们在学会讲故事后开始更高效地组织自己的生活。传说、神话、传奇，所有这些虚构的故事都帮助人们更好地在大社群、大集体中合作。任何认为故事的吸引力已经不复存在的人，不妨想想漫威电影的巨大成功，这些都是传统英雄故事的现代诠释，甚至像托尔和奥丁这样源自北欧的神祇也吸引了大量青少年（以及本书的作者）走进电影院。

⊖ 当然，这适用于更多的泳池。然而，这个特定的泳池确实属于那位著名的发明家的住宅。他只是从未跳进去过，因为他认为锻炼完全是在浪费时间。

心理学家们，卡尔·荣格（Carl Jung）[㊀]与约瑟夫·坎贝尔（Joseph Campbell），深入研究了“单一神话”，这是一个普遍存在于全球数千个故事和不同历史时期的“基础”故事框架。你或许对这些故事中反复出现的“英雄之旅”非常熟悉：主人公往往最开始过着平凡的生活；冒险突如其来，他们犹豫不决，然后由导师引领跨过新的门槛；接着，他们面临各种挑战，结识朋友与敌人，并取得一定成就；然后他们又遭遇重大困境，也从中获得更深刻的自我认知，并从字面或象征意义上经历重生；最后，经历一番艰难的归途和史诗般的终极战斗后，他们安全归来，生活重新恢复正常色彩，但再也回不到从前。这一模板可以非常广泛地套用，无论是你最喜爱的惊悚片、《奥德赛》（*The Odyssey*），还是一部出色的皮克斯电影。你甚至可以套用这个模板来思考特朗普如何塑造自己的总统候选人形象：英雄安全地居住在纽约的“金塔”，但政治冒险在呼唤他；他取得了一场又一场胜利，并前往华盛顿的“沼泽地”进行了一段充满危险的旅程；如果能打败“民主怪兽”，美国将再次变得伟大。永远不要低估一个结构良好的故事所能产生的影响，反之，也不要低估缺乏精

㊀ 荣格的研究中最广为人知的是他关于梦的理论，但这些理论在今天并不被看作是十分科学的。然而，不可否认的是，他的确是一名优秀的作家。

彩故事时可能出现的后果。

几年前，在荷兰阿姆斯特丹机场，一架飞机的劫机警报意外响起。荷兰国民警卫队在当时唯一传达的信息就是“飞机的劫机警报响起了”，当时还没有更多已知的细节。不出半小时，推特用户便编织了一部完整的惊悚小说，其中甚至包括持械劫机犯提出各种要求，以及乘客之间蔓延的恐慌情绪。最终，真相大白，一切不过是一个误报，事实上什么也没有发生。教训很明显：如果你不给人们一个故事，人们会自主创造故事。这一现象也体现在网络上广泛传播的各种阴谋论中。一些看似无关的现象迅速发展成一个庞大的国际阴谋网络。这种现象被称为**叙事谬误（narrative fallacy）**[1]。故事确实有打动人心的力量，然而政策制定者和公司更倾向于用事实进行沟通。这并不令人惊诧，毕竟他们不是小说家，而且有责任透明地分享信息。幸运的是，有时事实本身就足够吸引人，以至于它们自然地形成了一个引人注目的故事，就像《广告狂人》（*Mad Men*）时代最著名的广告语之一：“在速度达到 60 迈[2]的时候，整台劳斯莱斯里最响的声音是电子钟发出的。”这是个事实，同时也是个多么吸引人的故事！

[1] 这不可能只是个巧合！（阴谋论者经常如是说。）

[2] 1 迈≈ 1.61 千米 / 小时。

在家试试!

想要利用叙事谬误这一心理效应激发他人行动吗？一个高效的方式便是用一则精选的小故事来开场。例如，你可以讲述一位土气的搭讪高手，或者是亚利桑那州某商店里出售的瑞士手表。在讲述社会问题或者不公正现象时，一个令人动容的、关于一名受害者的故事，通常比一堆冰冷的数据更能唤起人们的行动。又一只苍蝇：**可识别受害者效应（identifiable victim effect）**。有时，仅仅一句话就足以暗示一个完整的故事，因为剩下的部分会由听者或读者的想象来补充。最经典的例子莫过于海明威的六字小说：“For sale: baby shoes, never worn.”（出售全新童鞋。）

价签上的苍蝇

我很富有，
我值得拥有，
我优秀，
健康且成功。

这些文字构成了苹果手机应用“我很有钱”（I Am Rich）

的全部内容，上方则是一张俗艳的红宝石图片。仅此而已，没有游戏，没有分享按钮，也没有隐藏的复活节彩蛋。最引人注目的是该应用的定价：999.99 欧元，这也是当时苹果应用商店允许的最高价格。有人下单购买了吗？确实真有。在苹果从应用商店中撤下该应用之前，它已经被购买了八次。那些误点购买的人当然可以申请退款，但事实上，并非所有人都这样做了。也就是说，有人故意花费近 1 000 欧元，只为获得几个像素的图像，以便向朋友炫耀自己有多富有。这究竟有多荒谬？你会这么做吗？不会吗？你认为你所认识的人也都不会这样做吗？让我们进行一次简单的心理实验。想象在一家汽车经销店里，两辆几乎一模一样的中型轿车都吸引着你的目光。两者都宽敞、安全，具备炫酷的外观，同时也足够环保，让你可以自圆其说地接受这一笔开销。唯一的差别在于品牌标识——这在汽车界并不少见，通常同一款车会被两个不同品牌进行推广。其中一个品牌可能略显平庸，让人觉得单调乏味，甚至可能成为笑柄；而另一个则显得豪华非凡，颇有声望，也许稍微有点浮夸，但因此更具吸引力。价格之间仅有 1 000 欧元的差距。关键问题来了：你会不会像那些购买“我很有钱”应用的人一样，愿意多花 1 000 欧元，只为了追求更高端的形象？你会被此诱惑吗？当然，这样的情境也可能在更小额的消费中出现。在健身房，你会愿意多花钱，仅仅是为了让你的T恤上印有一个“勾”的标志吗？在聚餐时，用餐厅自备的矿泉水会让你觉得有点不妥吗？你与那八位购买应用的用户之间的差别可能要比你想象的小得多。

然而，这并无大碍，因为**地位符号（status symbols）**在社会生活中实际上发挥着合理的作用。在自然界中，动物通过各种方式展示自己是极具吸引力、健康、强壮的潜在配偶，而这些展示往往涉及某种形式的奢侈浪费。孔雀的华丽羽毛便是最出名的例子，这种羽毛使孔雀容易成为掠食者和寄生虫的目标。因此，那些能负担得起这种压力和威胁的雄性孔雀很可能是更为警觉和反应敏捷的。这与美国流行的“必须花上几个月工资购买订婚戒指”的观念，或者用以装饰T恤、手表和手袋的奢侈品牌标志实则大同小异。商家不断地尝试让你认为他们的产品能给你带来与华丽的孔雀羽毛同样的效应；因此这些商家会与明星或网红建立合作关系，从而将他们的成功和财富与产品品牌联系起来。

更多的名人也开始认识到，他们不必坐等品牌来找上门，而是自己可以成为品牌。坎耶·韦斯特（Kanye West）便以每件120美元的价格推出了他那备受争议的嘻哈风T恤。这无疑是一种纯粹的权力展示：T恤甚至没有任何标志，只需知道这件白色宽松T恤叫作“椰子”（Yeezy）就足以让你觉得自己每天都像个明星。这显示出说唱歌手有着强烈的洞察力，显然，人们对地位的渴望如此之深，以至于他们甚至不再需要观众。富有的收藏家也喜欢独自欣赏他们的莫奈画作或 1960 年的芬德 Stratocaster 电吉他。然而，如果其他人知道你新购买的东西有多值钱，确实有助于你展示地位。围绕“我很有钱”这个应用程序的公众讨论让该应用更具吸引力。基于同样的原因，奢侈品的广告也会出现在并不豪华的地方，比如家庭杂志中定价过高的汽车广告，或者公交车站中昂贵的首饰广告。诚然这些广告商能够在线上更高效地触达他们的目标受众；然而，他们更是明白，只有当你的邻居或远房亲戚也知道它的价值时，这样的奢侈品才真正具有吸引力。特别是作为潜在买家的你，知道他们知道物品的奢侈属性。

为了增强奢侈感，公司付出了巨大的努力。昂贵音响系统的遥控器手感稍微沉一些，这当然是因为所使用的组件的质量相比其他系统更好，对吧？实际上不是：他们只是增加了额外的重量，让它感觉像是高质量的。汽车制造商仔细设计车门关闭的声音：它们不应该听起来像塑料，而应该听起来沉重和扎实，但同时又不过于笨重。寻找信息或优惠的网站让你盯着一个加载条看很长时间，这样一来，你就更会觉得计算机正在努力工作，因而你的购买必然物有所值。商务舱里的亚麻餐巾，疫情期间星级餐厅服务员花里胡哨的口罩——这些都是穿着昂贵外套的苍蝇。

经常出现在这些场景里的是一个我们之前多次探讨过的现象：**稀缺性（scarcity）**。不是所有具有高地位的事物都必然稀缺，但稀缺性能为几乎任何事物赋予某种地位。以 16 世纪的英格兰为例，菠萝因其罕见性而成了地位的象征。那时，买不起菠萝的人甚至会选择租用一个——不是为了食用，而纯粹是为了摆放。如今，在英国豪宅的外墙上，你依然能看到菠萝的图像和雕塑。在日本，你可以轻而易举地以 5 000 日元的价格购买一颗精致的西瓜作为心意之礼；甚至有两个极端稀有的样品被以 23 000 欧元的价格售出。在荷兰，人们更愿意把这笔资金用于购买一只特别款的劳力士手表，前提是经销商愿意把你加入等待名单。这是因为瑞士人也深谙稀缺性的运作机制；因而即便在经济低迷时期，他们仍能毫不犹豫地提价三次，并选择性地拒绝非长期客户。

那么，如果你的产品并不稀缺，你又该如何是好呢？幸运的是，有多种方法可以让产品维持稀缺的感觉。假设你是鹿特丹唯一的荞麦面制造商，那么你就成了唯一能出售“地道鹿特丹荞麦面”的供应商，因此你有权提高价格。这种做法在法国的葡萄酒和奶酪界，以及英国和德国的啤酒界，都有很好的表现：这就是地理性的稀缺。当然，你还可以通过发布限量版、首发产品、编号手工制品等方式，人为地制造稀缺性。这种稀缺感往往增加了所有昂贵物品的吸引力。毕竟，当需求超过供给时，某样物品自然会显得更加昂贵。但有时候情况正好相反：某样物品因其昂贵而变得更受追捧。在经济学中，这种价格越高、卖得越好的商品被称为**韦伯伦商品（Veblen goods）**。

曾作为蒂姆广告写作导师的人在被一个客户问及如何提升豪华帆船之旅的销量时给出的建议是："首先把价格翻倍，看看效果如何。"出乎意料的是，这一策略取得了成功：帆船之旅迅速被预订一空。在一家大型电信公司，蒂姆发现，如果附加服务不是免费的，客户反而更感兴趣。最后，需要指出的是，你为某事"付出的代价"并不总是以金钱来衡量。无论是黑带、文凭，还是通过徒步旅行所获得的奖牌，只有当你付出努力时，它们才具备真正的价值。在社交圈中，人们可能对炫耀名牌嗤之以鼻，但同样会骄傲地展示他们的旅行经历、阅读成果或志愿服务活动。这些不仅花费你的金钱，更消耗你的舒适度、时间和努力；这些都表明你如同有华丽羽毛的孔雀一般，有足够的能力和条件来负担这一切。

一些零售品牌精心运用了这一心理现象。手提着低价超市的鲜红购物袋，或是穿着平价品牌的运动鞋——这类充满讽刺色彩的购买行为传递了一份严肃的信念：你足够自信，不需要倚赖奢侈品来彰显自我。⊖这或许就是最高级的奢侈。

⊖ 请参见第 4 章中的"红跑鞋效应"。

有时候，无性反而更具吸引力

不可能实现的爱情、触不可及的禁忌：你无法得到、无法参与或无法观赏的事物总有一股难以名状的魅力，这常被称为**“罗密欧与朱丽叶效应”（Romeo and Juliet effect）**。蒂姆与他的合作伙伴迪巴拉在一次活动中精彩地呈现了这一点。他们接到任务，需要为一本专为母亲设计的杂志的“性”专题做广告。于是，他们设计了一个方案——虚构一份知名母亲，封面模特和成人影星波比·艾登（Bobbi Eden）的“性录像”。不同寻常的地方在于，其实录像中并没有任何性行为。因为波比和丈夫的小孩一直在哭闹，这摧毁了一切浪漫气氛。因此，这其实是一份“无性”的性录像。剩下要做的就是让波比帮忙发一条推特，声明她对任何泄露的录像不会发表任何看法。很快，小报媒体试图获取更多信息，这个“新闻”登上了电视，而该杂志的阅读量也飙升至30万。波比共出演了不下167部电影。然而，人们无法看到成人剧情的这份录像却是最受关注的，即使在这份录像中她从未脱下她的浴袍。

注意力和重复性的魔力

至此，你应该已经了解了如何运用各种苍蝇效应来让你的慈善机构、商业、创意或你自己更具吸引力。首先，你需要通过打破常规，突显个性（这就是冯·雷斯托夫效应）等方式抓住人们的注意力。你需要始终保持友好态度（这毕竟是一条金科玉律），并找出你和他人的共同点。请记住，所谓的框架效应不仅是公关高手的王牌，它其实也是在你家里会嗡嗡作响的日常苍蝇。这个技巧围绕着一个核心问题：你希望人们从哪个角度来看待某一事件或物品？你肯定已经意识到了恰当的对比有多强的影响力，即锚定或参照效应的威力。你甚至可能尝试过假省笔法："当然，我不能为此收费 1 000 欧元。"你也清楚，一个引人入胜的故事同样可以成为一种有效的苍蝇——与其大篇幅地列举数据，不如用一个具体受害者的故事来说服人（可识别受害者效应）。借助韦伯伦商品，你会发现提高价格能够增加产品的吸引力。如果你在纳闷为什么我们要再次列举所有这些，显然你没有集中注意力。我们实际上运用了苍蝇家族中的单纯接触效应和加工流畅性原理，来表明重复确实能增加吸引力。最后，如果你计划今晚外出，请别带着满是灰尘的衣物，因为你心仪的人很有可能也读过这本《苍蝇效应》。

激励之蝇常常会朝
预料之外的方向飞去。

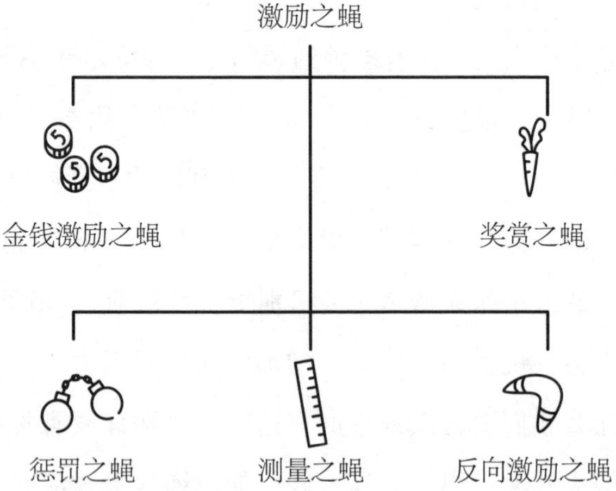

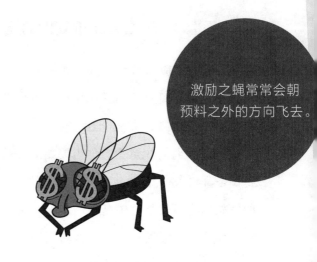

第 7 章

激励之蝇

这只苍蝇又肥又喜欢蜇人，常常是人们最先联想到的苍蝇之一，但人们往往也高估了它产生的蜇伤效果，实际上这些蜇伤持续的时间往往比预想的要短。

应用：务必谨慎，足够剂量地使用，并确保在人群中均匀分配。否则激励之蝇的效果可能会适得其反。

胡萝卜和大棒

当印度还处于英国殖民统治之下时，城市遭遇了蛇患之灾。这些不是普通的蛇，而是危险的、毒性很高的眼镜蛇。政府对此采取了常用的解决方案：设立赏金。任何捕捉并上交眼镜蛇者将获得一笔可观的奖金。这一措施一开始效果显著，许多危险的毒蛇被成功捕捉。但不久后，贫困的居民意识到他们可以通过饲养并交付眼镜蛇来获得稳定的额外收入。这本身不是问题，尽管这并非政府所期望的结果。然而，当政府意识到这一舞弊行为并决定取消赏金制度时，事态进一步恶化。现在人们别无选择，只能释放他们一直饲养的所有眼镜蛇。最终的结果是，德里的眼镜蛇数量比最初还要多。这种出于好意而适得其反的现象，从此被称为**眼镜蛇效应**（**cobra effect**），也被称作**意外效应法则**（**Law of unintended consequences**），这是反向激励之蝇的典型例子。

在这本书即将画上句号之际，我们有意深入探索这些出乎意料的副作用。在这些技巧、方法、现象和效应背后，你可能会想，是否有更简单的方式？奖励与惩罚、罚款与奖金，这些似乎是最直接、最简单的激励途径。然而，恰恰是在这些地方，苍蝇效应往往会与你的预期背道而驰。我们将通过一系列引人入胜的研究来揭示你的直觉在哪里出了问题。金钱通常并不总是最佳的激励手段，而且这种激励之蝇的形态中也隐藏着诸多恶毒陷阱。如果你给予的报酬过低（或低于他人），你就可能面临员工士气低落甚至健康问题的风险。如果用金钱来激励人们做他们本来就有动机做的事，反而会导致他们的参与度下降。金钱所可能摧毁的，往往超出你愿意承受的范围。古生物学家以惨痛的代价学到了这一点：当 20 世纪初的探险家古斯塔夫·冯·康尼斯瓦尔德（Gustav von Königswald）为爪哇岛的原住民提供每上交一块人类头骨碎片的赏金后，他发现自己面临着如何重新组合这些被故意弄碎的碎片的巨大困境。[1]

在本章里，我们会探索物质与非物质形式的胡萝卜和大棒。应该以何种方式去奖赏某人的劳动成果——按件计酬、按时支付，还是额外给予奖金？实际上，多种支付方式都是可取的，关键在于你必须非常明确你想要奖赏的具体行为。除了金钱之外，赞誉和评价也是有效的激励手段，它们能促使人们更频繁地从事那些被褒奖或奖励的活动。重要的是，这些奖励应当与付出的努力成正比，即付出更多努力的人应获得更多报酬。

然而，伊娃并没有给她的清洁人员提供任何形式的奖金，同样也没有给带孩子的婆婆支付费用。蒂姆充满动力地为他的乐队做了免费宣传。很显然，金钱所能购买到的动力是非常有限的。这一点在更广泛的情境中也同样适用。如果你问西方世界的任何人，他们工作[㊀]是否仅仅为了金钱，只有20% 的人会表示肯定。[2] 工作所带来的愉悦感也在宏观经济数据中有所体现。比如，即使面临收入税率或财富税率的上升，富裕阶层也不会立刻缩减工作时间。与此同时，贫困人群即便获得了福利或基础收入，也不会停下寻找工作的脚步，即使他们可能会因此获得更少的收入。显然，奖励就像是一只难以捉摸的苍蝇：有时必要，有时多余，有时甚至会适得其反。本章将教你何时该使用奖励。

教育领域里的奖金激励

在经济学和市场营销学的语境下，“测量即是认知”。同样，在教育领域，测试成为衡量学生表现的关键手段。在荷

㊀ “狗屁工作”（bullshit job）——或称为“社会无效工作”（socially useless job）——是一个公认的现象。

兰，学校的选择和补贴的分配都基于学生在考试发展中心（Central Institute for Test Development，CITO）所颁布测试中的考试成绩。自 2003 年起，荷兰学生在各个学科上的表现一直在缓慢下滑，这种趋势相较于其他国家尤为明显。到了 2019 年，其阅读水平甚至低于经济合作与发展组织（Organisation for Economic Co-operation and Development，OECD）[⊖]成员国家的平均水平。你可能认为这与教师的薪水有关。这在一定程度上是正确的，教师在荷兰得到的低薪确实可能会影响分数的下降。然而，一个更出人意料的解释是学生并未因自身的优异学业表现获得足够的嘉奖。如果对在数学测试上不断取得更优异成绩的学生给予奖励，将会发生什么呢？这听起来像是一个奇怪的做法，但这一做法有助于判断不同文化背景下学生的积极性是否一致。研究者针对中国上海和美国的某些学校的学生进行了实验，对他们的优异表现都给予奖励。[3] 需要说明的是，由于奖励信息是在测试前刚刚公布的，因此这一结果不会受到学生们为了获得奖励提前加倍努力的影响。得到奖励的美国学生表现更出色：如果全国的学生都得到了奖励，美国学生的成绩在全球的排名将由第 36 位提升至第 19 位。然而，中国上海学生的分数并未因为奖励而提升。显然，他们已经如此有动力，以至于金钱对他们的表现影响甚

⊖ 经济合作与发展组织，截至 2021 年是由 38 个富裕国家组成的俱乐部。

微。由此我们可以得出两个结论：荷兰的学生表现不佳可能仅仅是因为对测试缺乏足够的动力；奖励只有在学业表现尚有提升空间的情况下才会起作用。

那么问题来了，教师本身是否还有提升的空间？多年以来，特别是在发展中国家，教育机构一直在探究如何提高教师的工作效率和教学水平。首先，教师的实际出勤率是一个基本前提，接着才是他们具体的教学方法。在发展中国家，保障教师出勤率并非理所当然。以印度为例，通过奖金制度已成功地将教师的旷课率减半[4]（在这方面，奖金显然比其他惩罚手段更为高效）。第二步则是根据教师能够传授多少知识来进行激励。在荷兰，这是一个敏感话题，因为大多数人认为教师并不缺乏积极性和投入度。对于出现在2010年的纪录片《等待超人》（*Waiting for Superman*）中的美国懒人教师来说，基于他们教会了多少个孩子阅读而给予奖励似乎更为合适。在纪录片描述的类似情境里，教师的出勤率通常不成问题；但在某些学校，他们的教学质量低得令人震惊，以致学生毕业的时候几乎仍然无法识字。在美国，至少从目前的情况看，教育领域的奖金激励并没有达到预期效果。要真正激发这些教师的工作积极性，需要更为全面的措施。

2014年，来自芝加哥大学的两位经济学家约翰·利斯特（John List）和史蒂芬·列维特（Steven Levitt）——他也是《魔鬼经济学》（*Freakonomics*）的作者——应用了一种你可能还记得的、第 3 章中提到的令人讨厌的苍蝇效应：剥夺钱财。手握捐赠者的资金，利斯特和列维特严谨地设计了实验，以精准评估奖金制度的有效性。两位学者将参与实验的学校随机分为两组，第一组的教师根据学生年终表现有机会获得高达 8 000 美元的传统奖金。而第二组的教师在学年伊始即获得 4 000 美元：若其学生表现优异，这些教师也可以最终获得高达 8 000 美元的总奖金；但若其学生进步不如其他人，他们必须退还最初的 4 000 美元。由于进步与否是个相对概念，该实验的研究设计确保了在学生们成绩相同的情况下，两组教师最终收入完全相同。尽管我们的常识和传统经济学原理都指出同样的激励会产生相似的结果，事实却并非如此。第二组教师所享受的预付金方式使得教师更能提升学生在数学和阅读理解方面的成绩：他们的学生相较其他组提高了 10%，而传统奖金并未显著影响学生表现。批评者或许会认为，为了促使学生考取高分而获得更高奖金的教师可能对表现不佳的学生的作弊行为视而不见；然而事实却是这些学生在全州范围内的综合考试的成绩也提升了 13%。[5]

因此，在教育领域，在学生有提升空间、奖金也分配给学生的前提下，奖金有时确实有效，而潜在的取消奖金的威胁则可能更具成效。这一发现对于缺乏内在激励的职业群体而言更为重要：因为在这种情况下，奖金所发挥的积极效应可能更为显著。

病态的奖金制度

1934 年，美国通过了一项法律，要求必须公开首席执行官（CEO）的薪酬，以遏制 CEO 们以权过度谋私利的行为。然而到了 2016 年，一名研究人员用现代数据分析工具对该项法律的设想效果进行了检验。他的结论是：由于透明度的增加，CEO 的薪酬实际上增长得比其他员工的薪酬还要快。这种透明度最终让底层员工——而非 CEO 本人——感到不适。作为董事会的一员，你也显然明白用一个廉价的 CEO 无法给他人留下好印象。[6]

自 2015 年起，荷兰金融行业的奖金上限为固定薪酬的 20%。这主要是基于政治考量：在金融危机后，人们希望银行家做出符合银行长期利益的决策，而不是短视地仅仅考虑自己年底的奖金。实际上，以错误的前提吸引额外的客户确实可能会产生严重的后果。早在 2008 年开展的一项实验室研究就已经证明奖金对人们的动机和表现都有不良影响。研究发现，对于任何需要一定思考量的任务，奖金越高，表现反而越差。[7] 此外，给最优秀的员工发奖金的副作用是，可能有更多人因而无法获得奖金。正如我们在第 3 章了解到的，失去奖金的人所受的痛苦要大于赢得奖金的人感到的快乐。而且，当某人觉得自己被低估时，他会开始减少所付出的努力。[8]

尽管政界人士或许更专注于不公平的薪资所导致的生产力下滑的问题，一项来自瑞士的研究却表明，不公平的薪资结构往往还会损害员工的健康。[9]在这个实验里，参与者被安排完成一项高压任务，即统计满是数字的纸页上数字“1”出现了多少次。如果参与者正确地数出了“1”的数量，他们所完成的每页可以赚到 3 欧元；如果出现一个错误，他们的报酬就降至 1 欧元，而两个或更多的错误则会使他们无法得到任何报酬。平均而言，参与者在 25 分钟的高度集中工作后赚得了 21 欧元。然而，报酬的支付方式中却隐藏着一个“陷阱”：工资并不直接发给勤勉的参与者，而是交由另一个实验参与者，即所谓的“雇主”；这些雇主有权决定他想为其“工人”完成的工作支付多少薪酬。

平均来讲，这些工人只收到了 9.5 欧元的报酬——不足他们应得酬劳的一半。他们能忍受这样的待遇吗？部分人可能早已对这种类型的雇佣关系有所预期，但多数参与者原本期望获得更多的报酬。研究人员从这些工人得知薪资的那一刻起追踪他们的心率和相关变化。那些感到自己被剥削的工人表现出不健康的心率模式，这种模式被认为可能导致心脏疾病。

突破性别玻璃天花板（glass ceiling）的苍蝇

人类社会在薪酬公平性方面是否存在系统性的不足？答案无疑是肯定的——就比如性别薪酬差异（gender pay gap）。在荷兰，即便在控制了是否全日制工作和年龄因素后，女性的工资仍然比男性平均低了7%。（你可能会立马想到另一个问题：那为何男性还更容易患上心血管疾病呢？）幸运的是，你还是有办法来解决这个系统性问题的。

（1）你想平等对待男女员工吗？请在招聘公告中明确标注薪资是可以商议的，否则通常只有男性会主动谈判，而女性则可能会忽视这一点。具体可参考第1章中关于在他人视线下的自我欺骗行为。

（2）你想让更多女性申请高级职位吗？那么延长职位空缺的发布时间——女性需要更多时间来决定是否申请。

（3）你想在高级职位中聘用更多女性吗？那么确保有一个可供选择的女性候选人名单，或者完全根据能力来评估候选人。

（4）你想要更多这类经过科学验证的建议吗？请阅读艾瑞斯·博内特（Iris Bohnet）所著的《有效之道》（*What Works*）[10]。

从长远来看，感觉被剥削（或者说工资偏低）会引发压力症状、心血管疾病以及威胁到整体健康状况。一组研究团队分析了自 1984 年起，涉及 25 000 名德国公民的健康、收入、教育和年龄的庞大数据。结果确实显示，即便控制了客观收入、教育水平、劳动力市场状况和职业类型这些客观因素，那些认为自己收入不足的人群（尤其是年过半百的劳动者）健康状况相对较差，也更容易患上与压力相关的疾病。因此，作为雇主，确保支付员工合适的薪资、避免不平等的待遇显得尤为重要。

然而需要谨慎的一点是，奖赏机制也可能适得其反。1908 年，《纽约时报》发表了一篇文章，描述一条狗将一个孩子逼入塞纳河，随后又将其救起。这背后的原因是每当这条狗带着一个湿透的孩子经过肉贩时，都会得到一块牛排作为奖励；显然，过度的奖励反而成了问题。再来看献血的例子，多数献血者是出于内在价值和需求而参与，而非为了奖励。然而，瑞典的一个血库为了表示感谢，赠送了其中一部分志愿者大约 7 美元的奖金，结果这些奖励却产生了不良影响。[11] 在有奖励的这一组志愿者中，献血量只有原来的一半。原来，人们本就有动力去献血；而血库通过提供金钱，表明了他们认为血液的价值是多少，结果所提供的价值却低于志愿者认为的价值。毕竟对于这些献血志愿者来说，7 美元就像是一种侮辱。这种现象被称作**挤出效应（crowding out effect）**。值得庆幸的是，该实验也为血库找到了解决之道：他们也奖励了另一组志愿者 7 美元，但这组志愿者可以选择是否将这 7 美元捐给慈善机构。这样一来，挤出效应完全消失了。

铜臭味的负面影响

巨额奖金不仅会影响银行家的健康状况，还可能削弱其工作表现。然而，问题不仅仅局限于奖金本身，更多是与商业大环境有关。你或许会认为这与自己毫无关联，只是银行家们的事，但事实并非如此，这其实也关乎你。如果员工需要自己支付购买咖啡的费用，那么公司内更有可能发生文具和打印纸被盗的情况，更不用说其他不道德的工作行为了，比如欺诈、腐败、骚扰。有研究证实，仅仅是思考金钱的概念就足以触发盗窃和欺诈行为。[12]

严格来说，这是商业行为

想象一下：你被要求为了金钱而撒谎。在一个聊天界面中，你与另一名玩家互动。如果你选择撒谎，声称自己将获得比对方少的报酬，你将赚得 5 欧元，而对方只能得到2欧元。反之，如果你选择坦诚不说谎，你将获得2欧元，而对方则会获得5欧元。你会如何选择？在你把这个难题呈现给其他人之前，先引导他们思考一下金钱的概念。一个愚蠢的问题便能实现这一目的。例如你可以问他们：“你有总值为15美分的两枚硬币⊖，其中一枚不是1美分硬币，那么另一枚是什么？”回到实验本身。事实上这一实验已多次进行，并且涉及真钱。结果表明，当参与者被引导在玩游戏前先思考金钱概念时，他们选择撒谎以赚取5欧元的概率是不提前思考金钱时的两倍。当然，所有参与者都是出于金钱考量而参与游戏的，但提前“预热”金钱概念却会诱导更多不道德行为（参见第1章，关于启动效应的讨论）。这可能是因为思考金钱触发了竞争心态、权力欲或财务独立感。更重要的是，金钱触发和唤起了一种特定的心态：一种商业化考量的态度。这一商业化的态度往往会抑制我们的同理心。[13] 想想电影《教父》(*The Godfather*) 里的迈克尔·柯里昂（Michael Corleone)，他对兄弟说：“这没有个人情分，只是生意。”⊜

⊖ 美国硬币的面值有1美分、5美分、10美分和25美分。——编者注

⊜ 值得一提的是，即便是“普通”的参与者，在认为这是市场行为的“自然结果”下，也更可能选择做出不道德的决策，比如杀死一只老鼠。

工作场所的不道德行为每年会导致企业损失大约5%的收益，因此这无疑是一个严重的问题。令人遗憾的是，金钱自身便是激发自私和不道德行为的诱因。尤其在金钱起主导作用的职业（如股票经纪人和出纳员）中更容易产生不道德行为。如果能够减少对金钱的重视，或者说增加对服务质量的关注，那么这些职业人士的行为将可能更为端正。一旦认识到金钱实际上可能会激发不诚实行为，这可能影响所有企业的运营。例如，为了减少与现金的直接接触，通过借记卡或代金券来支付午餐和咖啡。换句话说，商业环境和模式仍能通过简单改善来防范不道德行为。

那银行危机呢？在2014年的某项研究发布之前，人们普遍认为贪婪文化是罪魁祸首；然而这一观点显然过于肤浅。[14]在这项研究设计的实验中，银行员工被要求掷硬币十次；依据他们自己报告的投掷结果，要么得到20美元奖励（若报告为正面），要么一无所有（若报告为反面）。为了反映银行内部的竞争氛围，只有当他们的收益高于其他参与者时，他们才能获得这笔款项。其中一组参与者在实验之前需要完成一份与一档随机电视节目相关的问卷。这组人所报告的硬币正面出现率为51%，略高于诚实参与者组的预期数据（也即50%）。另一组参与者则在实验前填写了一份主要关于银行业务的问卷，以此强调他们的“银行家身份”。这些员工所报告的硬币正面出现率达到了 58%，明显偏离了正常概率。一种较为宽容的解释是，当“银行”一词浮现在心头时，人们更容易与金钱联系起来，由此触发了不诚实行为。但遗憾的是，完全相同的实验在学生群体中复制后，学生们并没有显示出更多的不诚实倾向。换言之，问题的罪魁祸首其实是商业环境。

解决这一问题绝不仅仅是提供免费咖啡那么简单。在后续研究中，研究人员试图通过激发对特定文化价值观的反思来解决这一问题。他们设计并实施了一个为期两个月的“伦理改进计划”，内容包括小组讨论，并在这之后安排了“神秘顾客”来评估参与者是否变得更加诚实。这些神秘顾客假装是普通客户，询问哪些金融产品可能对他们有益，同时提及了一些对银行更有利而对客户不那么有利的产品。不幸的是，根据神秘顾客的反馈，这一新的伦理改进计划并未使银行员工变得更加诚实。如果小组讨论在是否采取合乎道德的行为方面存在较大的意见分歧，该计划反而可能导致负面影响。很显然，这种计划可能削弱了那些原本道德水准较高的“好人”的士气。[⊖]由此，我们可以得出结论，这种无意识的苍蝇效应并不能通过让人们进行讨论来有效解决。解决之道在于改善奖励机制和企业文化。

⊖ 关于“苍蝇效应”的社会性效应，请参见第 4 章。

用胡萝卜敲打：从税收到罚款再到补贴

既然我们已经清晰地认识到“胡萝卜”——额外的金钱奖励——会触发一系列不常见的副作用，那么让我们看看“大棒”的影响。记得那些奖金被取消的教师吗？他们感受到“大棒”比“胡萝卜”敲得更痛。政府运用税收、罚款和补贴这些手段来引导公众行为。税收的首要任务在于筹集财政资源，而罚款则主要是为了改变行为。它们的影响仅仅在21世纪的前20年里得到了系统化的研究，这些研究中有几个值得注意的发现。首先，当税率足够高且是即刻开征的时候，税收才能有效促使行为改变；相对而言，食品或香烟等物品缓慢和微小的价格上升所产生的影响较为有限。然而，对于地位商品（参见第6章中探讨的韦伯伦商品），更高的税率通常会产生更大的影响，引发更显著的行为改变。人们总想驾驶一辆比邻居稍微大一点儿的汽车，并不仅仅是追求车辆的大小，也（合理地）涉及安全考量：更大、更重的车型的乘客在交通事故中的生存概率相对更高。如果每个人都必须为更重的车支付更高的税费，那么你和你邻居之间车型大小的相对比例将可能保持不变；但由于所有的车都会变轻，可能整体上死亡人数会减少。另一种通过税收拯救生命的策略则更为间接。全球范围内，肥胖问题日益严重，例如在英国就有近 30% 的人超重。因此，英国决定对含糖饮料征收“糖税”。这种税并非按照糖量逐克增加，而是设置了阈值：每升含糖超过 5 克的饮料价格增加 18 便士，超过 8 克则增加 24 便士。这项政策的结果？消费者确实因为价格上涨减少购买含糖饮料；更重要的是，饮料制造商因为担心消费者会对价格上涨非常敏感，确保所售饮料的含糖量保持在阈值以下。因此，这种税收间接地产生了巨大的影响，使得几乎所有的饮料现在都含有更少的糖。这是一次双重推动！

与税收不同，罚款旨在引导人们的行为。但有时，这样的手段却可能事与愿违。对于伊娃来说，每个工作日都如同一枚定时炸弹：她必须在下午 6 点 30 分之前将孩子从托儿所接回，否则就要面对白眼，以及饥饿和尴尬的孩子；极端情况下甚至可能被警方干预。托儿所管理上的一大难题就是每天都要面对的、迟接孩子的家长。1998 年，以色列经济学家尤里·格尼茨（Uri Gneezy）[15] 接孩子时再一次迟到了，这促使他花时间思考出了一个解决之道：对迟到的家长实施罚款。为了在实验中进行对比，他们在十个连锁托儿所中的六个开始执行罚款制度——每迟到 5 分钟，家长就需要支付 5 欧元的罚金。从第一天开始，实验者们焦急地等在门口看这项制度的结果如何。在接下来的十周内，迟到的人数急剧增加。原来，这些家长们用 5 欧元买到在下午会议上发表最后意见的机会，这在他们看来简直物超所值。罚款反而让人们更加理性地权衡时间，不再把下午 6 点 30 分当作硬性的截止时间。更糟糕的是，即便参与的托儿所在十周后取消了罚款制度，同样数量的家长仍然继续迟到。他们现在认为迟到是有代价可补的；在这个案例中，市场规范破坏了社会规范。

这个在托儿所中开展的著名实验启示我们，金钱惩罚应该伴随着社会层面的不认可——它们因而会削弱社会地位并强化社会规范；或者，否则，金钱惩罚应该真的非常重，让人难以负担。如果没有达成这两个目标，奖励和惩罚都可能产生人们不愿意看到的负面效果。

不好意思，但是道歉并不总是有效的解决方式

当你犯下错误想道歉以弥补时，一些金钱或许能让你的诚挚道歉发挥作用。然而，先别急着拿出钱，在这方面慎重为妙。想象一下，你叫了一辆优步（Uber）网约车，但这辆车要么没有出现，要么比预定时间晚了 5 分钟以上。这种服务瑕疵势必会影响优步的品牌形象，导致用户使用率下降 5% 到 10%。为了减轻差评带来的负面影响，公司决定向这些用户自动发送题为“非常抱歉”的道歉邮件。遗憾的是，这些表面上真诚的道歉并没有起到任何实质性作用。于是，优

步请来了知名经济学家约翰·利斯特来研究最有效的道歉策略。他组建了一个团队并开始行为实验：数千名用户收到了措辞不同的道歉邮件，另外数千名用户收到了价值 5 美元的代金券。经过一系列实验，结果表明，用户相比于接受道歉，明显更喜欢 5 美元的代金券；这些用户甚至提高了应用的使用频率，因而无论从哪个角度来说，发放代金券对优步来说都是值得的。然而，当用户在短时间内多次遭遇不愉快的经历时，代金券反而会适得其反，因为这在某种程度上反映了公司的无能。[16]

测量是一只硕大的苍蝇

在公证处，你会发现一些硕大的、嗡嗡作响的苍蝇。合伙人会因它们争吵，将其从信使手中抢来并珍藏。即便绝大多数工作由实习生完成，管理层也会自封为其成果的拥有者。这样一件引人争夺的物品被称为纪念碑，通常是一尊刻有标识的有机玻璃或青铜雕塑，作为成功完成重大并购事宜的纪念。那些年逾六旬、年收入高达百万的男性将这些纪念碑视为至宝，仿佛它们是珍贵的奖杯。象征性的激励和惩戒、赞誉和不满，其影响往往与金钱等价。排名、勋章、积分系统、贴纸——甚至在社交媒体上所获得的额外转发和点赞都能促使多巴胺的释放。鉴于我们对反馈的高度敏感性和反应性，给出反馈的方式应该经过仔细考虑。反馈应该以正确的形式、在正确的时间和以精心调配的剂量给出。

现在你几乎读完了整本书。设想一下，你可能希望运用从本书中汲取的这些知识来做些真正有用的事情，比如帮助一家航空公司节约煤油。增加煤油税[一]无疑是一个有效的手段。幸运的是，你还有其他策略或助推可供选用。飞行员会根据气象预报和飞机重量来确定飞行所需煤油量——带太多的煤油会导致额外的费用。就像开车的司机一样，他们可以采取“经济飞行方式”或者加速飞行。降落之后，他们还能以更经济或更浪费的方式滑行到停机坪。在读完之前的几章后，你也许会考虑运用传统的奖励与惩罚机制来倡导飞行员节省煤油。例如，在飞行员更衣室内张贴“我是节能飞行员”的宣传海报？然而，对于经验丰富且固执己见的专业人士而言，改变其行为方式极为不易。行为科学研究者指出，“测量与即时反馈结合”的教育模式可能更为有效。他们用一个实验来验证这一想法。在这个实验中，335 名飞行员被分为四组，有一组只被告知该实验围绕能源使用进行，而另外三组中的飞行员每月都会收到寄到家里的信，详细说明他们在节

[一] 截至目前，尚没有煤油税；因而第一步自然而然是引入煤油税这一税种。

能飞行方面的个人成就。其中一些人收到了明确的节能目标，而最后一组飞行员更是被进一步告知，如果他们能够成功达成节能目标，研究团队会将 17 美元捐给慈善机构。研究人员在开始实验前预测，即使钱捐给了慈善机构，奖励也会对节能行为产生最大的影响。然而事实却并非如此：被设定明确目标但没有奖励的那组飞行员，在滑行时关闭一台发动机（因而更为节省能源）的可能性已经比对照组（也即没有参与实验的飞行员）高出 8%。

很显然，额外的金钱报酬在这里没有产生重要影响（然而，作为一种积极的副作用，收到金钱报酬的飞行员的幸福感提高了 6%）。然而，更令人振奋的是，即使那些没有收到任何关于他们节能表现的信件反馈的飞行员也在飞行中更为节省煤油了，很可能是因为他们始终感到处于“被监控”的状态（这也是一个非常普遍、经常出现的心理效应）。在这一研究结束后，所有组别的飞行员仍保持比较节省的飞行方式，因而每个航次都能节省大约 550 公斤的煤油。以维珍大西洋航空（Virgin Atlantic）为例，这将每年减少 2 100 万公斤的二氧化碳排放量（也节约了大约 500 万美元的煤油开支）。

这种收益也能在室内环境中得以体现，尽管收益的绝对数值可能稍小。多年来，你的电费账单上一直提供了关于你用电习惯的反馈。与邻居、与去年或与所有家庭的平均值相比，你本月的用电量是多了还是少了呢？

这些信息并非空穴来风。2007 年，美国能源公司 Opower 首次系统性地探讨了如何利用这些信息鼓励人们减少能源消耗。如图 7-1 所示，他们的巧妙之处在于将社会规范和个性化反馈有效结合，在实践方案中，它看起来是这样的：

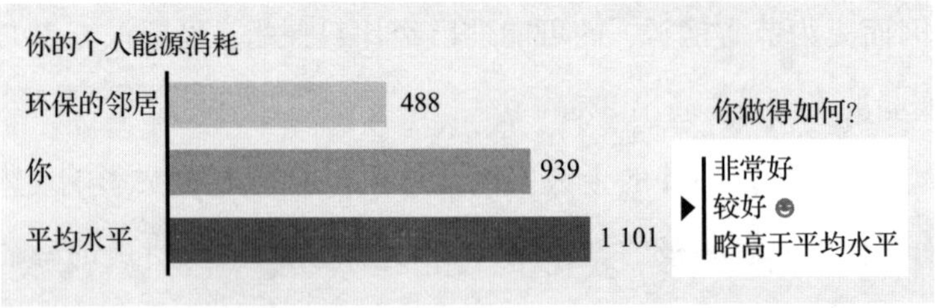

图 7-1

这一方案中潜藏着几只苍蝇。

（1）假如某人的表现优于平均水平，你自然不愿意让他们意识到这一点，因为他们已经超越了他们的邻居。换言之，他们应该是那些总是比别人做得更好的人。

（2）反之，如果你告诉某人他们的表现不佳，他们很可能落入“哎呀，我本来就是那种做不到的人”的心态（这实际上是第 1 章中所描述的“归因之蝇”的一个消极兄弟）。这也解释了为何总览里总会包含一个表现不佳的群体。

（3）对正确行为给予额外的赞美确实能增加额外动力。

Opower 在向用户发送的信件中添加一些笑脸符号后，用户的节能行为更为显著：平均来说，每户节约了 2% 的能源，总共节约了大约价值 20 亿的能源开支。[17]

以上的方案由 Opower 通过数千次含反馈机制的实验来正式确立。类似地，Booking.com（一个酒店预订网站），用反馈机制来激励员工发挥最佳表现（直至他们感到筋疲力尽），而优步则用这一机制来推动他们的司机持续驾驶。

这为我们提供了一个生动的例证来说明给予明确反馈如何有助于节约金钱。一旦你能够量化某个事物——无论是信息、金钱还是步数——它就能激发人们去做比较。比如国民生产总值，或者更个人化一点儿，想想你在 Tinder㊀上如何挑选潜在伴侣，洗衣机的用户评级，或者超市的购物车是否显示总价对人们购买行为的影响，等等。然而，正因为这些数字易于比较，它们也极具迷惑性。毕竟，有些人会用计步器做什么呢？摇晃它。企业在社交媒体上会做什么呢？购买粉丝㊁。如果医生会根据他们所进行的手术成功次数获得奖励，他们会怎么做呢？拒绝困难、高危的手术。当然，在医院内，量化分数是非常有价值的；但是，一旦人们因此获得了某种

㊀ 一款国外交友软件。——译者注

㊁ 你猜对了，本书的写作团队在社交媒体上购买了大批“僵尸粉”。结果，仅在一周内，我们就获得了僵尸粉数量的十分之一的真实关注者。你也是其中之一吗？

奖励，哪怕仅仅是表扬，这种量化分数就可能失去其原有目的。这一现象被称为**古德哈特定律（Goodhart's Law）**：人们会根据被测量的指标来调整自身的行为。关于这一点，也请参看本章开头提到的蛇的例子。

请用手指计数

因此，数字对你的行为有着极其强大的影响。回想一下，仅仅在过去的一小时里，你在这本书之外看到了哪些数字：可能是转发数、油耗、飞行里程、未读邮件数量等。这些数字是如何影响你的？这些反馈是你自己选择来关注的，还是受他人的设计所引导？对于每一个数字，也请思考一下它引导你展现出怎样的行为，你会将自己的得分与何人进行比较，又是在什么时候、什么情境下看到这些数字的。推特和脸书正在尝试推出他们各自的、不那么让人上瘾的新版本，而他们所采纳的革命性变化正是在软件上显示更少的数字。

金钱是否有效

对这个问题的简短回答是：是的。如果你付给人们更多的钱，他们会更快地行动。487 名德甲球员的薪资数据清晰地显示了这一点。两位瑞士经济学家基于专家视角确定了德甲足球运动员们各自的“公平薪资”。他们将这个薪资与球员那个赛季的市场价值进行比较，这里的市场价值大致相当于这些球员们的实际薪资。这一研究发现，被高估（也即市场价值高于公平薪资）的足球运动员实际上会在场上更加努力。在他们的心中，似乎有一种“有偿有得”的规则。相反，实际薪资低于公平薪资的程度每增加 1%，足球运动员在场上的努力都会显著减少。[18]

奖励就像非常显眼的苍蝇，但它们也被高估了。如何设计出最佳的激励方案，使同事（或孩子、客户）尽可能努力工作呢？以下是可执行的计划清单：

（1）看看人们是否已经表现出你所期望的行为（孩子清理餐桌，家长准时到达，志愿者献血）。如果是，不要给他们钱！

（2）如果只有结果是可以衡量的（就像在很多种工作中），就为那个结果而奖励；这种奖励最好是用赞美的语言。

（3）付出与结果之间的联系是否清晰（想想那些尽心尽力的教师）？那种付出是否可以衡量？如果可以，那么根据努力程度公平地给予奖励。

（4）考虑当人们开始做你鼓励他们做的事情时会发生什么（记住那个蛇的例子）。

如果是团队成就中个人的付出程度不清晰明确，或者任务随时间变化，或者无法衡量付出和结果，那就请远离金钱奖励。这时候，本书的其余部分可能会派上用场。实际上，几乎任何其他让他人改变行为的方式都比金钱更有效。

结　语

现在，你已经对这个庞大并仍在不断扩张的苍蝇家族有了更深入的了解。在某些时候，你可能会对苍蝇能够以其无情的效率误导人们走向错误的道路（不管是无意的，还是有人蓄意操纵所为的）感到愤怒或警觉，也许你暗下决心再也不让某些特定的苍蝇扰乱你的心智，也许你记住了某些苍蝇的名字，并向同事们发出警告。但我们希望你会像我们一样，当发现自己身处这些效应之中时可以报以微笑。毕竟，让我们面对现实：正是它们构成了我们的人性。你生命中的第一只宠物往往不是小狗，而是这样一只小苍蝇。这只小宠物也常常让生活变得更加有趣。如果你落实了躺在计划清单上的世界旅行，并且拥有了很棒的旅行经历，那么谁还会在乎那些在 Booking.com 上催你旅行的苍蝇呢？如果你为了与暗恋对象共舞而熬夜，即使明天早上有重要的预约，这种基于双曲贴现的选择真的有那么糟糕吗？当然没有。实际上，你甚至可以主动利用这些效应，以便给自己或其他人一个小小的、朝理想方向的助推。如果真是这样，我们会非常高兴。

然而，我们也感到责任重大。出版这本书是不是等于在街上分发了带弹药的武器？情况可能并没有那么糟：即便掌握了所有这些苍蝇的知识，人类仍然非常固执，行为还是非常难以改变。尽管如此，在本书的最后，我们还是想告诉你一些建议。

苍蝇有用，但是否总是应该被使用呢

首先，让我们来探讨伦理这个热门话题。苍蝇的所有应用真的都该被允许吗？我们是否应该规范谁可以应用苍蝇以及如何应用呢？《助推》一书的作者之一卡斯·桑斯坦（Cass Sustein）提到了应用苍蝇的三个伦理考量因素。[一]第一个考量是所涉及选择的重要性。许多苍蝇针对的是相对无害的选择。我们所处的环境不可避免地是经过设计的，那么设计者们最好对特定设计的效果有清晰的认识。只要仍然保留人们

[一] 桑斯坦制定了一则“助推宪法”，其中规定了应用苍蝇的伦理边界。

选择的自由，在环境中引导人们选择特定的花束应该还是可以接受的。然而，有时即使保留了选择自由，苍蝇也远非无害。在全民公投中，选项的措辞和顺序会影响人们的最终选择，而作为选民的我们通常不了解这些措辞和顺序的重要性。除了所涉选择的重要性和可逆性之外，知道某人是否愿意受到影响也是一个重要考量。为了评估这一点，你可以问自己：如果你可以选择将苍蝇应用于你的至亲，你会这样做吗？如果答案是肯定的，这样的应用在伦理方面很可能是可接受的。最后一个考量是苍蝇应用的透明度：如果苍蝇的应用是公开透明的，因此也易于避免，那么伦理上的反驳就很难成立。但基于伦理这一主题，本书的作者们仍然可以进行漫长的讨论。

例如，伊娃会辩称政府应确保诸如水电、网站会员等订阅不会自动续费。而蒂姆则质疑每个月都要手动续订电话、互联网、燃气、电灯、保险、Netflix（奈飞）和 Spotify（声田）的可取性。伊娃会嘲笑蒂姆在他的职业生涯中为一些不太负社会责任的客户提供广告宣传建议。他作为慈善义工的贡献是否能补偿这些建议？或者他是否应该拒绝为销售糖或酒精的客户写广告？蒂姆曾经问过一位外科医生朋友是否有她不想为之做手术的人：如果你救了一个重罪分子，他被顺利医治后会继续犯罪，你该怎么办？这场伦理讨论对医生没有产生影响：所有人都应该得到医疗照顾，没有例外。这让蒂姆思考：那为什么不是所有客户都应该得到一则美妙的电视广告呢？与蒂姆相比，伊娃更担心的是截然相反的问题：目前投入使用的苍蝇太少了。许多组织有美好到令人惊叹的理想，但由于过于正直，他们不希望故意使用苍蝇来实现这些目标。如果拒绝使用有效手段来拯救世界，这不也是不道德的吗？气候问题就是一个例子。有一群自然存在的苍蝇正阻挠着我们解决这些问题：环保生活的痛苦是作用于现在的，而奖励则在未来（现时偏差）；我们并不能充分地看到环保行为带来的反馈；因为气候的变化是缓慢而渐进的，即便它变得越来越差，我们也逐渐习惯了它，并不会特别注意到它；从众效应同样对此起作用，因为你总能看到别人在购物、旅行，而没有购物旅行的人自然而然是更难被看到的，当其他人都在探索世界其他地方时，你不想成为那个独自一人待在家里的傻瓜；与此同时，每个人仍然通过精心构建的"气候变化"框架来看待这个问题，这种描述框架显然会比"全球危机"之类的说法引发更少恐慌。在这一点上，蒂姆和伊娃的观点完全一致：如果我们真的想解决这类问题，我们不能忽视苍蝇效应。

亲自测试这些效应

在引言中，我们写过一则免责声明：请勿将本书的知识运用于脑部手术中。现在，你已经知道了这群苍蝇以及它们可能会产生的影响，你也知道并不存在什么唯一的、定理般的、适用于一切状况的“苍蝇效应”。这也是为什么我们在设计本书的封面时设计和测试了许多变体，因为任何一个小小的设计改变都可能带来完全不同的苍蝇。理想情况下，我们应该在书店里去测试各种封面设计的影响，因为苍蝇带来的影响也取决于具体环境。那么你应该如何去应用本书中的知识呢？假设你想对室友进行行为干预，使其记得在外出前应该关掉屋里的灯。你可以打开一个蝇罐，抓住你最喜欢的苍蝇，看看它会引发什么反应。然而，更明智的做法是遵循以下的指南操作，如图 E-1 所示。

如果你谨慎而友善地使用苍蝇效应，你可能并不会剥夺任何人的任何东西，而只是帮助人们做出更好的选择。但即便如此，当人们发现他们是你苍蝇实验的受试者时，他们可能仍会感到尴尬。当你得知本书封面已经经过了精心设计以及吸引力测试时，你可能也有相同的感觉。许多人抱怨在疫情期间要求佩戴口罩是一种行为实验。但与此同时，大家却热情地参与亚马逊网站上成千上万的行为实验（比如：广告设计对购物的影响、每日推荐如何影响你爱看的视频）。实验是公共生活的一部分。从政治到商业广告，从受欢迎的电视节目设计到税收信件：所有调整都经过测试，作为任何国家的居民，你都是一个实验对象。如果实验能够告诉我们人们究竟想要什么、应该做什么，成为一个实验对象又有什么害处呢？

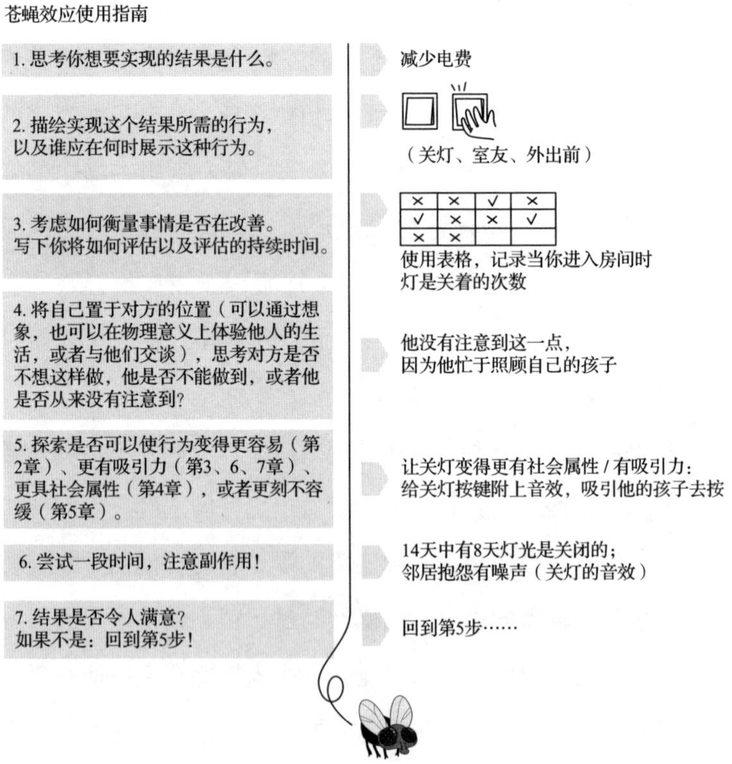

苍蝇效应使用指南
1. 思考你想要实现的结果是什么。
减少电费
2. 描绘实现这个结果所需的行为，
以及谁应在何时展示这种行为。
（关灯、室友、外出前）
3. 考虑如何衡量事情是否在改善。
写下你将如何评估以及评估的持续时间。
× × ✓ ×
✓ × × ✓
× ×
使用表格，记录当你进入房间时
灯是关着的次数
4. 将自己置于对方的位置（可以通过想象，也可以在物理意义上体验他人的生活，或者与他们交谈），思考对方是否不想这样做，他是否不能做到，或者他是否从来没有注意到？
他没有注意到这一点，
因为他忙于照顾自己的孩子
5. 探索是否可以使行为变得更容易（第2章）、更有吸引力（第3、6、7章）、更具社会属性（第4章），或者更刻不容缓（第5章）。
让关灯变得更有社会属性 / 有吸引力：
给关灯按键附上音效，吸引他的孩子去按
6. 尝试一段时间，注意副作用！
14天中有8天灯光是关闭的；
邻居抱怨有噪声（关灯的音效）
7. 结果是否令人满意？
如果不是：回到第5步！
回到第5步……

图 E-1

为了从实验中获得知识，测量是至关重要的。如果你仔细进行测量，你可能会发现某些苍蝇的效应是巨大的。但是“巨大”具体是多大呢？在很多情况下，4% 的提升就是巨大的成功了。实际上，4% 的差异会带来很大的不同。毕竟，在许多情况下，胜者通吃：无论你是在卖厕纸还是在竞选美国总统，只需要你的策略比竞争对手略微更有效一些，就能赢得胜利。如果你的职业是销售，能多卖出 4% 的产品，你就有资格获得市场营销奖项和晋升。此外，这些百分比可能会相加或成倍增长。基于鹿特丹地铁的一个实验表明，怡人的灯光、欢快的音乐和清新的气味的结合给旅客带来的快乐超过了单一因素带来的快乐之和。如果你在设计网站时巧妙地动用七只苍蝇，也可能发生类似的情况：这里加入从众效应，那里加入一个好故事，最后再加上限量版的临时优惠。请务必确保不仅单独地测试事物，还要把它们放在一起测试。

人类行为并没有一个统一的模型。因此，本书提及的效应也不应该被视为通用的公式，它们只是我们在接近真理的路上对真理的片面把握。苍蝇效应可能很巨大，也可能很微小；可能很稳健，也可能神秘莫测；可能仅产生短暂的影响，也可能会带来永久的改变。了解这些效应总能帮助我们从不同角度看待事物，更好、更深入地理解你自己和周围人的行为。如果你已经在日常生活中开始更多地思考和分析，那么对我们来说，这本书就已经实现了它的目标。如果你认为我们已经达成了目标，请毫不犹豫地在社交媒体上分享你的体验，并使用“#苍蝇效应”作为话题。当然，是否做这样的选择完全取决于你！㊀

㊀ 除了再使用一个苍蝇效应之外，还有什么更好的方法结束这本书呢？这是一个**“但你是自由的”效应（But You Are Free effect）**：强调人们有选择的自由，他们反而更有可能做你要求的事情。你肯定早就看透了我们写下这句话的盘算，对吧？

致谢

没有马文出版社（Maven Publishing）的桑德尔·吕斯（Sander Ruys），就不会有这本书。我们感激我们的文学经纪人威廉·拜瑟林（Willem Bisseling），他的斡旋和建议让我们的作品不仅限于在博客上发表。没有他的同事保罗·赛贝斯（Paul Sebes）、莱斯特·赫金（Lester Hekking）、里克·克勒夫（Rik Kleuver）和维尔·班克（Vere Bank），您可能还需要先学习荷兰语才能阅读这本书。勒妮·德尔卢（Renée Deurloo）与光谱（Spectrum）团队将我们一个悬空的想法落实成了一本可以拿在手上的书。勒妮、马克·博格玛（Mark Bogema）、谢斯·努尔达（Kees Noorda）、莱昂·格伦（Léon Groen）：我们很高兴与你们合作。

此外，我们非常感谢那些在我们撰写过程中与我们一起校对的既具有批判性又友好的人们。约斯特·范格尔德（Joost van Gelder）、莉萨·贝金（Lisa Becking）和缅诺·许特惠森（Menno Schilthuizen）：感谢你们帮助我们构建苍蝇谱系。约埃尔·范德韦勒（Joël van der Weele）、韦尔特·泽尔斯特拉（Wilte Zijlstra）、约纳·林德（Jona Linde）、约里斯·吉莱（Joris Gillet）、约布·哈姆斯（Job Harms）、卡琳·邦格尔斯（Karin Bongers）、弗洛里斯·亨格罗（Floris Heukelom）、汉娜·施米德贝格尔（Hannah Schmidberger），尤其是阿利安·范德弗利特（Alien van der Vliet），他们以他们的专业知识将书的内容带入了一个新的层次，为我们提供了巨大的帮助。

伊薇特·范德梅尔（Yvette van der Meer）用她的文字建议为我们的许多句子增添了许多风味。巴斯·埃尔林斯（Bas Erlings）通过对标题和封面进行消费者研究，帮助我们设计了本书的封面。当然，我们的封面概念也必须基于对苍蝇效应的扎实知识来制定，对此，我们无法想象会有比德博拉·博斯博姆（Deborah Bosboom）更合适的人选。感谢你们！

凯拉·布施（Chella Busch）将我们的手稿精湛地翻译成英语，为您现在手中所持有的国际版本奠定了基础。如果我们的荷兰式幽默在您的语言中仍然成立，那全赖她的功劳。

除此之外，我们在书中对知识的所有粗暴简化、可能会被推翻的研究和不准确的措辞都是我们自己的责任。我们对像宜家效应（对于自己投入劳动、情感而创造的物品的价值严重高估的认知偏差）这样臭名昭著的苍蝇也没有免疫力。

伊娃的个人留言

蒂姆，我们的合作让我深刻感受到我们研究领域的魅力、我们可以将事情说得有多轻松，以及一句犀利的话语能产生多大的影响。当别人能迅速理解你的意思，却用完全不同的例子来阐释时，这种体验真是令人愉悦。对我而言，在新冠疫情封控期间的写作过程中，每当收到你那充满敏锐观察和快速联想的信息时，我总觉得像在玩一场有趣的游戏。我打算豁出去了，如果我们的书能印到第三版，我也会像你一样文一个苍蝇文身——仅仅是为了提醒我自己我们的合作是如此美好。㊀

我将这本书献给我的父母，他们与我共同创作小册子和故事。献给我的老师们：赫尔·克莱斯（Ger Kleis）、缅诺·李维斯（Menno Lievers）和彼得·托德（Peter Todd），他们培养了我积极地面对批评的态度。

㊀ 编辑的话：读者们，他们真的会这样。

蒂姆的个人留言

伊娃，写一本书应当是煎熬的——孤身一人在小屋里，与空白的纸张搏斗。然而与你共同撰写这本书的过程却截然不同，每周都是一场令人激动的见解和研究的盛宴，都让我迸发出强烈且急迫的分享欲。感谢你的即兴演讲、给我的私人课堂，以及你那与我的混乱截然不同的结构性。如果我们的读者能从这本书中获得我从你那里学到的一半知识，那已经是一个巨大的成功了，也是时候写续篇了！

我将这本书献给我的母亲，她是一位作家；献给我的妻子，她也是一位作家；还有我的女儿，她想成为一位作家；还有我的父亲，因为没有他就没有一切。

术语概览

要了解更多关于特定效应的例子和解释，请到相应的章节中去寻找苍蝇标识！

引言

蝴蝶效应（butterfly effect）：小事情产生重大影响，例如蝴蝶的振翅导致飓风。

效应效应（effect effect）：如果某个现象有以“效应”为词尾的名称，人们通常会更感兴趣。

黄金锤效应（golden hammer effect）：手里拿着锤子的人，看什么都像钉子（过于专注自己的专业，以致视野变窄）。

第1章

安慰剂效应（placebo effect）：当你认为自己服用了有效药物时，即便只是（没有实际药效的）安慰剂也会产生积极作用，这种效应甚至在你知道自己正在服用的是安慰剂时也会出现。

德勃夫错觉（Delboeuf illusion）：两个实际大小相同的黑色圆，周围环绕着大小不同的圈，通常，人们会产生被小圈环绕的圆更大的视错觉。

邓宁–克鲁格效应（Dunning-Kruger effect）：在某一个领域知道得越少，越倾向于高估自己在该领域的能力。

反安慰剂效应（nocebo effect）：即使病人没有病，或已接受有效治疗，但因对疾病或疗效负面的预期，而影响治疗效果，甚至导致疾病。

福勒效应（Forer effect）：倾向于认为关于自己的模糊、一般性陈述是准确的和恰当的，忘记了它们适用于几乎所有人。

基本归因偏差（fundamental attribution error）：更多地将别人的失败归因于个性特质而不是环境因素。

启动效应（priming）：你的大脑对你短时间内思考过的事情会产生更强烈的反应。

第 2 章

蔡格尼克效应（Zeigarnik effect）：未完成的任务比完成的任务更容易记住。

复杂性偏差（complexity bias）：选择接受（不必要的）复杂的解释而不是简单的解释。

解释深度错觉（illusion of explanatory depth）：人们认为的、自己对某事物的理解程度会比实际程度浅。

可变化的奖励（variable reward）：不定时的奖励、不可预测的结果是具有成瘾性的。

默认效应（default effect）：很少有人会花时间和精力去更改预设好的设置。

人为推进效应（endowed progress effect）：投入更多时间和精力做某事，放弃和停止就更难。

生成效应（generation effect）：相比于被展示出来的信息，如果你自己生成信息，你会更好地记住那些信息（比如造句能帮助记单词）。

选择架构（choice architecture）：通过设计选项呈现的方式来引导你的偏好，比如添加（或删除）极端选项。

易得性偏差（availability bias）：越容易出现在脑海中的事，人们会认为它发生的概率越大。

意图–行为差距（intention-action gap）：你打算做什么和最终做了什么之间的“差距”。

因为验证（Because validation）：提出要求时，如果给出一个理由，别人更容易接受这个要求，不管该理由合不合理。

诱饵效应 / 废弃选项（decoy effect/ the dud option）：加一个不太吸引人的选项可以加强旧选项的吸引力。

第 3 章

禀赋效应（endowment effect）：如果某样东西已经属于你了，它看起来会比不属于你时更有价值。

风险厌恶（risk aversion）：前景理论（prospect theory）[㊀]的一部分，人们厌恶风险，胜于被机会吸引。

模糊厌恶（ambiguity aversion）：我们更有可能选择一个既定的风险，而不是一个模糊的风险。

确定性效应（certainty effect）：人们喜欢确定性，即便是在非常小的风险面前人们也会偏好确定的选项。

损失厌恶（loss aversion）：失去东西的痛苦比获得同样好的东西的喜悦更强烈。

鸵鸟效应（ostrich effect）：人们有时愿意花精力去回避某些信息，他们甚至乐意为能够回避信息而付费。

预期后悔（anticipated regret）：个人会评估他对未来事件或情形的预

㊀ 人们选择在评价潜在损失时承担风险，而在评价潜在获利时避免风险。——编者注

期反应，这些预期情绪将改变效用函数，决策者在决策中会力争将后悔降至最小。

自然风险偏差（natural risk bias）：我们更有可能接受自然的风险，而不是“人为”的风险。

第 4 章

白大褂效应 / 权威效应（White coat effect/ authority effect）：当一个人展现出具有权威性的外在特征之后，人们就更容易服从他的指令。

畅销书效应（bestseller effect）：当一本书卖得很好时，畅销这件事本身会使它的销量继续提升。

村头傻瓜效应 / 冤大头效应（Village Idiot effect/ sucker effect）：你想要看别人先做某事，然后再跟着做（因为你不想当冤大头）。

道德许可效应（moral licensing effect）：当做了一件符合自己道德标准的事情之后，做坏事会更轻易。

红跑鞋效应（Red Sneakers effect）：被试认为穿着与众不同的运动服的人身份地位更高，而把很多身份符号穿在身上的人地位反而没那么高。

竞争性利他（competitive altruism）：为了超过他人而产生的利他行为。

破罐子破摔效应（What the hell effect）：已经做了些坏事之后就更有可能继续做坏事了。

社会规范（social norm）：一个群体中的个体应该遵守的行为和价值标准。

社会证据 / 从众效应（social proof/ bandwagon effect）：人们受到多数人的一致思想或行动影响，而跟从大众之思想或行为。

温情效应（warm glow effect）：做出利他行为时自己也会感觉良好。

消极社会信息（negative social proof）：“某种消极行为是常见的”这样的社会信息会激发这种消极行为。

虚荣效应（snob effect）：当许多人都拥有同一件物品时，该物品的价值就降低了。

第5章

承诺（commitment）：通过对某一意图附加不可撤销的后果而将自己投入其中。

峰终定律（peak-end rule）：当回过头来评价一件事时，人们往往会根据其在情感高峰和结尾的情况来评价它。

冷/热共情鸿沟（hot/cold empathy gap）：当处于一种情绪状态之下时，很难预测和感受另一种情绪状态时的行为。

双曲贴现（hyperbolic discounting）：随着未来时间的拉长，我们对收益的感知是下降的，且呈双曲线形式。

顺序效应（order effect）：你的偏好可能是基于选项呈现的顺序，例如，对第一个（首因效应）或最后一个（近因效应）的偏好。

替代性目标实现（vicarious goal fulfilment）：仅仅是觉得自己能够达成目标，就会让人觉得他们已经达到了目标，因此更容易做出放纵的选择。

拖延（procrastination）：推迟你需要做的事情。

现时偏差（present bias）：与未来的奖励相比，人们倾向于高估现在获得的奖励的价值。

诱惑绑定（temptation bundling）：把喜欢的东西（最好是放纵的乐趣）与需要做但发现难以开始的事情配对，让它成为一种习惯。

执行意图（implementation intentions）：指以“如果–那么”的形式制订计划，这可以增加你实际执行计划的可能性。

自我损耗（ego depletion）：在采取一些需要投入自我控制的资源的行动后，个体进行自我控制的能力会被损耗。

第6章

参照效应/锚定（reference effect /anchoring）：即使是不相关的数字也会影响你的估算。

单纯接触效应（mere exposure effect）：仅仅因为你接触某事物的次数越多，你对它的欣赏就会越多。

地位符号（status symbols），也称为炫耀性消费（conspicuous consumption）：昂贵的奢华物品能提升你的地位。

冯·雷斯托夫效应（Von Restorff effect）：我们倾向于记住与背景不同的事物。

济慈启发式（Keats heuristic）：表达得极富吸引力的陈述往往会被认为更可信。

聚焦错觉（focus illusion）：一旦你将注意力投入到某事上，你就会高估它的重要性。

可识别受害者效应（identifiable victim effect）：一个可识别的受害者比大量数字更能打动人心。

框架效应（framing effect）：信息的呈现方式会影响你对于它的评估。参见：前景理论。

罗密欧与朱丽叶效应（Romeo and Juliet effect）：因为你无法拥有某物而更加渴望它。

韦伯伦商品（Veblen goods）：价格上涨时需求增加的商品。

无注意盲视（inattentional blindness）：某事太过熟悉以至于你不再注意到它。

稀缺性（scarcity）：因为某物更难获得而更加渴望它。

瑕疵效应（pratfall effect）：犯下（微不足道的）错误的人往往会获得更多的尊重。

叙事谬误（narrative fallacy）：大脑将现实转化为带有实际因果关系的故事。

第 7 章

古德哈特定律（Goodhart's Law）：一项指标一旦变成了目标，它将不再是个好指标。

挤出效应（crowding out effect）：外部激励的存在使得内在动机降低。

眼镜蛇效应 / 意外效应法则（cobra effect/ Law of unintended consequences）：针对某问题的解决方案，反而使得该问题恶化。

结语

“但你是自由的”效应（But You Are Free effect）：强调选择的自由，人们就更有可能响应你的要求。

参考文献

引言

1. Evans-Pritchard, B. (2013), 'Aiming to reduce cleaning costs' in: *Works that work*, nr. 1, 2013.

第1章

1. Poundstone, W. (2016), *Head in the cloud: Why knowing things still matters when facts are so easy to look up*. Little, Brown Spark.
2. Muller, A., L.A. Sirianni en R.J. Addante (2021), 'Neural correlates of the Dunning-Kruger effect' in: *European Journal of Neuroscience*, 53 (2), 460-484.
3. Konnikova, M. (2016), *The confidence game: Why we fall for it... Every time*. Penguin.
4. Kurzban, R. (2012), *Why everyone (else) is a hypocrite: Evolution and the modular mind*. Princeton University Press.
5. Kross, E. (2021), *Chatter: The Voice in Our Head and How to Harness It*. Random House.
6. Schwardmann, P. en J. van der Weele (2019), 'Deception and self-deception' in: *Nature human behaviour*, 3 (10), 1055-1061.
7. Charness, G., A. Rustichini en J. van de Ven (2018), 'Self-confidence and strategic behavior' in: *Experimental Economics*, 21 (1), 72-98.
8. Zarouali, B., T. Dobber, G. de Pauw en C. de Vreese (2020), 'Using a personality-profiling algorithm to investigate political microtargeting: assessing the

persuasion effects of personality-tailored ads on social media' in: *Communication Research*, 0093650220961965.

9. Vedantam, S. (Host) (2018), 'Everybody lies, and that's not always a bad thing.' Podcast Hidden Brain, NPR, 9 april 2018.
10. Andreoni, J., J.M. Rao en H. Trachtman (2017), 'Avoiding the ask: A field experiment on altruism, empathy, and charitable giving' in: *Journal of Political Economy*, *125* (3), 625-653.
11. Plassmann, H., J. O'Doherty, B. Shiv en A. Rangel (2008), 'Marketing actions can modulate neural representations of experienced pleasantness' in *Proceedings of the National Academy of Sciences*, *105* (3), 1050-1054.
12. Thunström, L., J. Nordström, J.F. Shogren, M. Ehmke en K. van't Veld (2016), 'Strategic self-ignorance' in: *Journal of Risk and Uncertainty*, *52* (2), 117-136.
13. Onwezen, M.C. en C.N. van der Weele (2016), 'When indifference is ambivalence: Strategic ignorance about meat consumption' in: *Food Quality and Preference*, 52, 96-105.s
14. Geier, A. B., Rozin, P., & Doros, G. (2006). Unit bias. A new heuristic that helps explain the effect of portion size on food intake. *Psychological science, 17* (6), 521–525. https://doi.org/10.1111/j.1467-9280.2006.01738.x.
15. Karremans, J.C., W. Stroebe en J. Claus (2006), 'Beyond Vicary's fantasies: The impact of subliminal priming and brand choice' in: *Journal of experimental social psychology*, *42* (6), 792-798.

第2章

1. Thaler, Richard H. en Cass R. Sunstein (2008), *Nudge: Improving decisions about health, wealth, and happiness*. Springer.
2. Simon, H.A. (1971), 'Designing Organizations for an Information-Rich World' in: *Martin Greenberger, Computers, Communication, and the Public Interest*. The Johns Hopkins Press, p. 40-41.
3. Deng, B. (2015), 'Papers with shorter titles get more citations' in: *Nature News*.
4. Langer, E.J., A. Blank en B. Chanowitz (1978), 'The mindlessness of ostensibly thoughtful action: The role of "placebic" information in interpersonal interaction' in: *Journal of personality and social psychology*, *36* (6), 635.
5. Gigerenzer, G., R. Hertwig, E. van den Broek, B. Fasolo en K. Katsikopoulos (2005). "A 30% chance of rain tomorrow": How does the public understand probabilistic weather forecasts? *Risk Analysis*, 25(3), 623-629.
6. Iyengar, S.S. en M.R. Lepper (2000), 'When choice is demotivating: Can one

desire too much of a good thing?' in: *Journal of personality and social psychology*, 79 (6), 995.

7. Chernev, A., U. Boeckenholt en J. Goodman (2015), 'Choice overload: A conceptual review and meta-analysis' in: *Journal of Consumer Psychology*, 25 (2), 333-358.
8. Johnson, E.J. en D. Goldstein (2003), 'Do defaults save lives?' in: *Science*, 302 (5649), 1338-1339.
9. Paunov, Y., M. Wänke en T. Vogel (2019), 'Transparency effects on policy compliance: disclosing how defaults work can enhance their effectiveness' in: *Behavioural Public Policy*, 3 (2), 187-208.
10. Steeg, M. van der en I. Waterreus (2015), 'Gedragsinzichten benutten voor beter onderwijsbeleid' in: *Economisch Statistische Berichten*, 100 (4707), 219-221.
11. Eyal, N. (2014), *Hooked: How to build habit-forming products*. Penguin.
12. Diemand-Yauman, C., D.M. Oppenheimer en E.B. Vaughan (2011), 'Fortune favors the bold (and the italicized): effects of disfluency on educational outcomes' in: *Cognition*, 118 (1), 111-115.
13. Song, H. en N. Schwarz (2008), 'If it's hard to read, it's hard to do: Processing fluency affects effort prediction and motivation' in: *Psychological science*, 19 (10), 986-988.

第3章

1. Kahneman, D., J.L. Knetsch en R.H. Thaler (1990), 'Experimental tests of the endowment effect and the Coase theorem' in: *Journal of political Economy*, 98 (6), 1325-1348.
2. Knutson, B., S. Rick, G.E. Wimmer, D. Prelec en G. Loewenstein (2007), 'Neural predictors of purchases' in: *Neuron*, 53 (1), 147-156.
3. Briers, B. en S. Laporte (2010), 'Empty pockets full stomachs: How monetary scarcity and monetary primes lead to caloric desire' in: *NA – Advances in Consumer Research Volume 37*, 570-571.
4. Bar-Eli, M., O. Azar en Y. Lurie (2009), '(Ir)rationality in action: do soccer players and goalkeepers fail to learn how to best perform during a penalty kick?' in: *Progress in brain research*, Vol. 174, 97-108.
5. Wolf, M., & Weissing, F. J. (2010). An explanatory framework for adaptive personality differences. *Philosophical Transactions of the Royal Society B: Biological Sciences*, 365(1560), 3959-3968.

6. Hintze, A., R.S. Olson, C. Adami en R. Hertwig (2015), 'Risk sensitivity as an evolutionary adaptation' in: *Scientific reports*, 5 (1), 1-7.
7. Kuhn, P.J., P. Kooreman, A.R. Soetevent en A. Kapteyn (2008), *The own and social effects of an unexpected income shock: evidence from the Dutch Postcode Lottery* (No. w14035). National Bureau of Economic Research.
8. Odermatt, R. en A. Stutzer (2019), '(Mis-)predicted subjective well-being following life events' in: *Journal of the European Economic Association*, 17 (1), 245-283.
9. Shin, J. en D. Ariely (2004), 'Keeping doors open: The effect of unavailability on incentives to keep options viable' in: *Management science*, 50 (5), 575-586.
10. Van Ittersum, K., B. Wansink, J.M. Pennings en D. Sheehan (2013), 'Smart shopping carts: How real-time feedback influences spending.' *Journal of Marketing*, 77 (6), 21-36.
11. Sunstein, C.R. (2020), *Too Much Information: Understanding what You Don't Want to Know*. MIT Press.
12. Karlsson, N., G. Loewenstein en D. Seppi (2009), 'The ostrich effect: Selective attention to information' in: *Journal of Risk and uncertainty*, 38 (2), 95-115.
13. Thunström, L. (2019), 'Welfare effects of nudges: The emotional tax of calorie menu labeling' in: *Judgment and Decision making*, 14 (1), 11.
14. Sunstein, C.R., S. Bobadilla-Suarez, S.C. Lazzaro en T. Sharot (2016), 'How people update beliefs about climate change: Good news and bad news' in: *Cornell L. Rev.*, 102, 1431.

第4章

1. Lessne, G.J. en E.M. Notarantonio (1988), 'The effect of limits in retail advertisements: A reactance theory perspective' in: *Psychology & Marketing*, 5 (1), 33-44.
2. Salganik, M.J., P.S. Dodds en D.J. Watts. (2006), 'Experimental study of inequality and unpredictability in an artificial cultural market' in: *Science*, 311 (5762), 854-856.
3. Keizer, K., S. Lindenberg en L. Steg (2008), 'The spreading of disorder' in: *Science*, 322 (5908), 1681-1685.
4. The Behavioural Insights Team (2019). Behavioural Insights for building the police force for tomorrow. Rapport van www.bi.team.
5. Bursztyn, L., A.L. González en D. Yanagizawa-Drott (2020), 'Misperceived social norms: Women working outside the home in Saudi Arabia' in: *American Economic Review*, 110 (10), 2997-3029.

6. Sparkman, G. en G.M. Walton (2017), 'Dynamic norms promote sustainable behavior, even if it is counternormative' in: *Psychological science, 28* (11), 1663-1674.
7. Herrmann, B., C. Thöni en S. Gächter (2008), 'Antisocial punishment across societies' in: *Science, 319* (5868), 1362-1367.
8. Thöni, C. en S. Volk (2018), 'Conditional cooperation: Review and refinement' in: *Economics Letters, 171*, 37-40.
9. Luca, M. (2017), 'Designing online marketplaces: Trust and reputation mechanisms' in: *Innovation Policy and the Economy, 17* (1), 77-93.
10. Edelman, B., M. Luca en D. Svirsky (2017), 'Racial discrimination in the sharing economy: Evidence from a field experiment' in: *American Economic Journal: Applied Economics, 9* (2), 1-22.
11. Sezer, O., F. Gino en M.I. Norton (2018), 'Humblebragging: A distinct – and ineffective – self-presentation strategy' in: *Journal of Personality and Social Psychology, 114* (1), 52.
12. Zahavi, A. (1990), 'Arabian babblers: the quest for social status in a cooperative breeder' in: *Cooperative breeding in birds: long-term studies of ecology and behaviour*, 105-130.
13. Northover, S.B., W.C. Pedersen, A.B. Cohen en P.W. Andrews (2017), 'Artificial surveillance cues do not increase generosity: Two meta-analyses' in: *Evolution and Human Behavior*, 38 (1), 144-153.
14. Ariely, D. (2012), *Heerlijk oneerlijk: hoe we allemaal liegen, met name tegen onszelf*. Maven Publishing.
15. Bickman, L. (1974), 'The Social Power of a Uniform 1' in: *Journal of applied social psychology*, 4 (1), 47-61.
16. Nagel, R. (1995), 'Unraveling in guessing games: An experimental study' in: *The American Economic Review, 85* (5), 1313-1326.
17. Kidd, D. en E. Castano (2019), 'Reading literary fiction and theory of mind: Three preregistered replications and extensions of Kidd and Castano (2013)' in: *Social Psychological and Personality Science, 10* (4), 522-531.
18. Premack, D. en A.J. Premack (1997), 'Infants attribute value± to the goal-directed actions of self-propelled objects' in: *Journal of cognitive neuroscience, 9* (6), 848-856.
19. Strohmetz, D.B., B. Rind, R. Fisher en M. Lynn (2002), 'Sweetening the till: the use of candy to increase restaurant tipping 1' in: *Journal of Applied Social*

Psychology, 32 (2), 300-309.
20. Smith, Adam (1776), *An Inquiry into the Nature and Causes of the Wealth of Nations. 1 London: W. Strahan.*
21. Darwin, C. (1989), *The Works of Charles Darwin: The descent of man, and selection in relation to sex* (Vol. 2). NYU Press.
22. Yuan Yuan, Tracy Xiao Liu, Chenhao Tan, Qian Chen, Alex Pentland en Jie Tang (2020), 'Gift Contagion in Online Groups: Evidence from Wechat Red Packets' Working paper, preprint www.MIT.edu).
23. Watanabe, T., M. Takezawa, Y. Nakawake, A. Kunimatsu, H. Yamasue, M. Nakamura, Y. Miyashita en N. Masuda (2014), 'Two distinct neural mechanisms underlying indirect reciprocity' in: *Proceedings of the National Academy of Sciences*, *111* (11), 3990-3995.

第5章

1. Mischel, W. en E.B. Ebbesen (1970), 'Attention in delay of gratification' in: *Journal of Personality and Social Psychology*, *16* (2), 329.
2. Thunström, L., J. Nordström en J.F. Shogren (2015), 'Certainty and overconfidence in future preferences for food' in: *Journal of Economic Psychology*, *51*, 101-113.
3. Bar, M. (2010), 'Wait for the second marshmallow? Future-oriented thinking and delayed reward discounting in the brain' in: *Neuron*, *66* (1), 4-5.
4. Frey, B.S. en A. Stutzer (2018), *Economics of happiness.* New York: Springer International Publishing.
5. Chatterjee, K., S. Chng, B. Clark, A. Davis, J. De Vos, D. Ettema S. Hardy en I. Reardon (2020), 'Commuting and wellbeing: a critical overview of the literature with implications for policy and future research' in: *Transport reviews*, *40* (1), 5-34.
6. Wilcox, K., B. Vallen, L. Block en G.J. Fitzsimons (2009), 'Vicarious goal fulfillment: When the mere presence of a healthy option leads to an ironically indulgent decision' in: *Journal of Consumer Research*, *36* (3), 380-393.
7. Lerner, J.S. en D. Keltner (2001), 'Fear, anger, and risk' in: *Journal of personality and social psychology*, 81 (1), 146.
8. Buser, T. (2016), 'The impact of losing in a competition on the willingness to seek further challenges' in: *Management Science*, *62* (12), 3439-3449.
9. Niederle, M. en L. Vesterlund (2007), 'Do women shy away from competition? Do men compete too much?' in: *The quarterly journal of economics*, 122(3), 1067-1101.

10. Coates, J.M. en J. Herbert (2008), 'Endogenous steroids and financial risk taking on a London trading floor' in: *Proceedings of the national academy of sciences, 105*(16), 6167-6172.

11. Mehta, P.H. en S. Prasad (2015), 'The dual-hormone hypothesis: a brief review and future research agenda' in: *Current opinion in behavioral sciences, 3*, 163-168.

12. Dai, H., K.L. Milkman, D.A. Hofmann en B.R. Staats (2015), 'The impact of time at work and time off from work on rule compliance: the case of hand hygiene in health care' in: *Journal of Applied Psychology, 100* (3), 846.

13. Linder, J.A., J.N. Doctor, M.W. Friedberg, H.R. Nieva, C. Birks, D. Meeker en C.R. Fox (2014), 'Time of day and the decision to prescribe antibiotics' in: *JAMA internal medicine, 174* (12), 2029-2031.

14. Danziger, S., J. Levav en L. Avnaim-Pesso (2011), 'Extraneous factors in judicial decisions' in: *Proceedings of the National Academy of Sciences, 108* (17), 6889-6892.

15. Kahneman, D., B.L. Fredrickson, C.A. Schreiber en D.A. Redelmeier (1993), 'When more pain is preferred to less: Adding a better end' in: *Psychological science, 4*(6), 401-405.

16. Bejan, A. (2019), 'Why the days seem shorter as we get older' in: *European Review, 27* (2), 187-194.

17. Cialdini, R. (2018), 'Why the world is turning to behavioral science' in: Samson, A., (2018) 'The Behavioral Economics Guide 2018'.

18. Goldszmidt, A., J.A. List, R.D. Metcalfe, I. Muir, V.K. Smith en J. Wang (2020), *The Value of Time in the United States: Estimates from Nationwide Natural Field Experiments* (No. w28208). National Bureau of Economic Research.

19. Mani, A., S. Mullainathan, E. Shafir en J. Zhao (2013), 'Poverty impedes cognitive function' in: *Science, 341* (6149), 976-980.

20. Shah, A.K., S. Mullainathan en E. Shafir (2012), 'Some consequences of having too little' in: *Science, 338*(6107), 682-685.

21. Dai, H., K.L. Milkman en J. Riis, J. (2014), 'The fresh start effect: Temporal landmarks motivate aspirational behavior' in: *Management Science, 60* (10), 2563-2582

22. Chen, M.K. (2013), 'The effect of language on economic behavior: Evidence from savings rates, health behaviors, and retirement assets' in: *American Economic Review, 103* (2), 690-731.

23. Reuben, E., P. Sapienza en L. Zingales (2015), 'Procrastination and impatience' in: *Journal of Behavioral and Experimental Economics, 58*, 63-76.
24. DellaVigna, S. en U. Malmendier (2006), 'Paying not to go to the gym' in: *American economic Review, 96* (3), 694-719.
25. Kaur, S., M. Kremer en S. Mullainathan (2015), 'Self-control at work' in: *Journal of Political Economy, 123* (6), 1227-1277.
26. Ariely, D. en K. Wertenbroch (2002), 'Procrastination, deadlines, and performance: Self-control by precommitment' in: *Psychological science, 13* (3), 219-224.

第6章

1. Goldstein, Noah, Steve J. Martin en Robert B. Cialdini (2008), *YES! 50 secrets from the science of persuasion.* Simon and Schuster.
2. Pennycook, G., Binnendyk, J., Newton, C., & Rand, D. G. (2020). A practical guide to doing behavioural research on fake news and misinformation. Working paper, www.psyarchiv.org.
3. Aronson, E., B. Willerman en J. Floyd (1966), 'The effect of a pratfall on increasing interpersonal attractiveness' in: *Psychonomic Science, 4* (6), 227-228.
4. Sanford, A.J., N. Fay, A. Stewart en L. Moxey, L. (2002), 'Perspective in statements of quantity, with implications for consumer psychology' in: *Psychological science, 13* (2), 130-134.
5. Tversky, A. en D. Kahneman (1981), 'The framing of decisions and the psychology of choice' in: *Science, 211* (4481), 453-458.
6. McGlone, M.S. en J. Tofighbakhsh (2000), Birds of a feather flock conjointly (?): Rhyme as reason in aphorisms. *Psychological science, 11* (5), 424-428.
7. Jung, M.H., H. Perfecto en L.D. Nelson (2016), 'Anchoring in payment: Evaluating a judgmental heuristic in field experimental settings' in: *Journal of Marketing Research, 53* (3), 354-368.
8. Guthrie, C., J.J. Rachlinski en A.J. Wistrich (2000), *Inside the judicial mind.* Cornell L. Rev., 86, 777.
9. Zhang, D., Y. Salant en J.A. van Mieghem (2018), 'Where did the time go? On the increase in airline schedule padding over 21 years' in: *On the Increase in Airline Schedule Padding over,21 years.* Working paper.
10. Glenn, Joshua en Rob Walker (2012), *Significant Others.* Fantagraphics Books.

第7章

1. Swisher III, C. C., Curtis, G. H., & Lewin, R. (2001), *Java Man: How Two Geologists Changed Our Understanding of Human Evolution*. University of Chicago Press.
2. Dur, R. en M. van Lent (2019), 'Socially useless jobs' in: *Industrial Relations: A Journal of Economy and Society, 58* (1), 3-16.
3. Gneezy, U., J.A. List, J.A. Livingston, X. Qin, S. Sadoff en Y. Xu (2019), 'Measuring success in education: the role of effort on the test itself' in: *American Economic Review: Insights, 1* (3), 291-308.
4. Duflo, E., R. Hanna en S.P. Ryan (2012), 'Incentives work: Getting teachers to come to school' in: *American Economic Review, 102* (4), 1241-78.
5. Levitt, S.D., J.A. List, S. Neckermann en S. Sadoff (2016), 'The behavioralist goes to school: Leveraging behavioral economics to improve educational performance' in: *American Economic Journal: Economic Policy, 8* (4), 183-219.
6. Mas, A. (2016), 'Does Disclosure Affect CEO Pay Setting? Evidence from the Passage of the 1934 Securities and Exchange Act.' Working paper, Princeton University, Industrial Relations Section.
7. Ariely, D., U. Gneezy, G. Loewenstein en N. Mazar (2009), 'Large stakes and big mistakes' in: *The Review of Economic Studies, 76* (2), 451-469.
8. Cohn, A., E. Fehr en L. Goette (2015), 'Fair wages and effort provision: Combining evidence from a choice experiment and a field experiment' in: *Management Science, 61* (8), 1777-1794.
9. Falk, A., F. Kosse, I. Menrath, P.E. Verde en J. Siegrist (2018), 'Unfair pay and health' in: *Management Science, 64* (4), 1477-1488.
10. Bohnet, I. (2016), *What works*. Harvard University Press.
11. Mellström, C. en M. Johannesson (2008), 'Crowding out in blood donation: was Titmuss right?' in: *Journal of the European Economic Association, 6* (4), 845-863.
12. Kouchaki, M., K. Smith-Crowe, A.P. Brief en C. Sousa (2013), 'Seeing green: Mere exposure to money triggers a business decision frame and unethical outcomes' in: *Organizational Behavior and Human Decision Processes, 121* (1), 53-61.
13. Falk, A. en N. Szech (2013), 'Morals and markets' in: *Science, 340* (6133), 707-711.
14. Cohn, A., E. Fehr en M.A. Maréchal (2014), 'Business culture and dishonesty in the banking industry' in: *Nature, 516* (7529), 86-89.
15. Gneezy, U. en A. Rustichini (2000), 'A fine is a price' in: *The Journal of Legal*

Studies, 29 (1), 1-17.

16. Halperin, B., B. Ho, J.A. List en I. Muir. (2019), *Toward an understanding of the economics of apologies: evidence from a large-scale natural field experiment* (No. w25676). National Bureau of Economic Research.
17. Yoeli, E., M. Hoffman, D.G. Rand en M.A. Nowak (2013), 'Powering up with indirect reciprocity in a large-scale field experiment' in: *Proceedings of the National Academy of Sciences*, 110 (Supplement 2), 10424-10429.
18. Brandes, L. en E. Franck (2012), 'Social preferences or personal career concerns? Field evidence on positive and negative reciprocity in the workplace' in: *Journal of Economic Psychology*, 33 (5), 925-939.

逻辑思维

《学会提问（原书第12版）》

作者：[美] 尼尔 · 布朗 斯图尔特 · 基利 译者：许蔚翰 吴礼敬

批判性思维入门经典，授人以渔的智慧之书，豆瓣万人评价8.3高分。独立思考的起点，拒绝沦为思想的木偶，拒绝盲从随大流，防骗防杠防偏见。新版随书赠手绘思维导图、70页读书笔记PPT

《批判性思维（原书第12版）》

作者：[美] 布鲁克 · 诺埃尔 · 摩尔 理查德 · 帕克 译者：朱素梅

10天改变你的思考方式！备受优秀大学生欢迎的思维训练教科书，连续12次再版。教你如何正确思考与决策，避开“21种思维谬误”。语言通俗、生动，批判性思维领域经典之作

《批判性思维工具（原书第3版）》

作者：[美] 理查德 · 保罗 琳达 · 埃尔德 译者：侯玉波 姜佟琳 等

风靡美国50年的思维方法，批判性思维权威大师之作。耶鲁、牛津、斯坦福等世界名校最重视的人才培养目标，华为、小米、腾讯等创新型企业最看重的能力——批判性思维！有内涵的思维训练书，美国超过300所高校采用！学校教育不会教你的批判性思维方法，打开心智，提早具备未来创新人才的核心竞争力

《说服的艺术》

作者：[美] 杰伊 · 海因里希斯 译者：闾佳

不论是辩论、演讲、写作、推销、谈判、与他人分享观点，还是更好地从一些似是而非的论点中分辨出真相，你需要学会说服的技能！作家杰伊 · 海因里希斯认为：很多时候，你和对方在口舌上争执不休，只是为了赢过对方，证明“你对，他错”。但这不叫说服，叫“吵架”。真正的说服，是关乎让人同意的能力以及如何让人心甘情愿地按你的意愿行事

《逻辑思维简易入门（原书第2版）》

作者：[美] 加里 · 西伊 苏珊娜 · 努切泰利 译者：廖备水 等

逻辑思维是处理日常生活中难题的能力！简明有趣的逻辑思维入门读物，分析生活中常见的非形式谬误，掌握它，不仅思维更理性，决策更优质，还能识破他人的谎言和诡计

更多>>>

《有毒的逻辑：为何有说服力的话反而不可信》 作者：[美] 罗伯特 J.古拉 译者：邹东

《学会提问（原书第12版 · 中英文对照学习版）》 作者：[美] 尼尔 · 布朗 斯图尔特 · 基利 译者：许蔚翰 吴礼敬

理性决策

《超越智商：为什么聪明人也会做蠢事》

作者：[加] 基思 · 斯坦诺维奇 译者：张斌

如果说《思考，快与慢》让你发现自己思维的非理性，那么《超越智商》将告诉你提升理性的方法

诺贝尔奖获得者、《思考，快与慢》作者丹尼尔 · 卡尼曼强烈推荐

《理商：如何评估理性思维》

作者：[加] 基思 · 斯坦诺维奇 等 译者：肖玮 等

《超越智商》作者基思 · 斯坦诺维奇新作，诺贝尔奖得主丹尼尔 · 卡尼曼力荐！

介绍了一种有开创意义的理性评估工具——理性思维综合评估测验。

颠覆传统智商观念，引领人类迈入理性时代

《机器人叛乱：在达尔文时代找到意义》

作者：[加] 基思 · 斯坦诺维奇 译者：吴宝沛

你是载体，是机器人，是不朽的基因和肮脏的模因复制自身的工具。

如果《自私的基因》击碎了你的心和尊严，《机器人叛乱》将帮你找回自身存在的价值和意义。

美国心理学会终身成就奖获得者基思 · 斯坦诺维奇经典作品。用认知科学和决策科学铸成一把理性思维之剑，引领全人类，开启一场反抗基因和模因的叛乱

《诠释人性：如何用自然科学理解生命、爱与关系》

作者：[英] 卡米拉 · 庞 译者：姜帆

荣获第33届英国皇家学会科学图书大奖；一本脑洞大开的生活指南；带你用自然科学理解自身的决策和行为、关系和冲突等难题

《进击的心智：优化思维和明智行动的心理学新知》

作者：魏知超 王晓微

如何在信息不完备时做出高明的决策？如何用游戏思维激发学习动力？如何通过科学睡眠等手段提升学习能力？升级大脑程序，获得心理学新知，阳志平、陈海贤、陈章鱼、吴宝沛、周欣悦、高地清风诚挚推荐

更多>>>

《决策的艺术》 作者：[美] 约翰 · S. 哈蒙德 等 译者：王正林